(개정판)
공인중개사의
중개업 마케팅에 관한 모든 것

공인중개사의 중개업 마케팅에 관한 모든 것

김혜경 지음

부동산 중개업도 인터넷 마케팅이 필수인 시대!

매일경제신문사

　제가 처음 블로그를 접한 시기가 2015년으로 이때부터 블로그는 제 일상이 되었습니다. 음식을 먹으러 가더라도 뒷산에 오르더라도 사진을 찍는 것이 습관화되었고, 저녁이면 한 편의 블로그를 작성해야만 비로소 잠을 청하다 보니 새벽이 되는 일도 있었네요.

　한번은 아들이 병원에 입원했을 때의 일입니다. 사무실 업무를 마치고 병원에 들렀더니 아들은 수술한 배를 잡고는 "빨리 집에 가서 블로그 하셔야죠" 하면서 나를 밀어내던 기억이 스쳐갑니다.

　그만큼 블로그가 나의 습관이 되고, 일상이 되다 보니 그 덕에 공인중개사 후배들에게 저의 지식을 조금이라도 나누고자 하는 마음으로 3년 전 《누구나 쉽게 따라하는 인터넷마케팅》 책을 발간했고, 이어 이번에 개정판을 내게 되었습니다.

　3년이라는 세월 동안 저는 개인 공인중개사 사무실을 옮겨 부산 사상역 2번 출구 앞에 '랜드고부동산중개법인서부산센터'를 오픈해 소속 공인중개사들과 업무를 함께하는 변화가 있었습니다. 이로 인해 부동산 중개업을 영위하는 데 있어 블로그나 유튜브의 중요성을 더욱 절감하는 계기가 되었습니다.

'랜드고부동산중개법인서부산센터' 사무실은 대로변 상가건물 2층에 있어 일명 '뚜벅이 손님'은 거의 없는 실정이므로 블로그가 노출되지 않으면 사무실 존재조차도 무의미한 상태입니다. 그래서 소속 공인중개사 10여 명 모두가 출근과 동시에 블로그 작업을 하고, 오후에는 임장을 가는 형태의 실무를 보고 있는 부동산 중개사무소입니다.

50대의 실무 교육을 마친 초보 여자 소장님이 첫 출근을 하면서 물어오는 말이 "컴퓨터를 잘하지 못하는데, 제가 할 수 있을까요?"였습니다. 일단 매일 출근해서 하루에 한 개의 블로그 글쓰기를 하겠다는 결심이 선다면 출근을 하라고 했고, 출근 첫날의 기본적인 블로그 내용을 알려주었습니다. 그 소장님은 처음에는 주위 분들에게 질문을 해가며 매일매일 임장을 다니고, 블로그 포스팅을 집중해서 기록하더니 출근한 지 두어 달 만에 우리 사무실에서 대중교통으로 대략 40분 정도 소요되는 범전동에 있는 한 공공임대주택 임차인을 맞추어서 계약을 8건이나 완

공인중개사의 중개업 마케팅에 관한 모든 것

료하는 성과를 이루어냈습니다.

인터넷 마케팅, 즉 블로그의 위력으로 올해와 같은 거래 절벽 속에서 초보 공인중개사가 계약을 이끌어내 임대 회사에서 주는 중개수수료를 건당 100만 원씩, 총 800만 원의 수입을 창출할 수 있었다는 것은 놀라운 결과입니다.

실무 교육을 마치고 창업을 고민할 때 자신이 전문으로 중개를 하는 분야에 관한 교육은 열심히 듣지만 컴퓨터를 잘하지 못한다는 이유로, 또는 블로그 정도는 할 줄 안다는 생각으로 마케팅에 대해서는 그다지 고민을 하지 않는 분이 많은 것 같습니다.

2023년, 여전히 정보 검색 시에는 네이버 검색이 우위를 차지하고 있고, 블로그 마케팅은 키워드 하나만 잘 사용해도 검색시 상위 노출로 인해 손님과의 소통을 할 수 있으며, 꾸준하게 콘텐츠를 발행했을 때 해당 분야의 전문가임을 보여주고, 신뢰를 쌓을 수 있어 자연스럽게 나의 부동산 중개사무실의 인지도를 높일 수 있습니다,

이 책에서는 초보 공인중개사나 부동산 온라인 마케팅으로 수

입을 올리고 싶은 분들을 위해 최대한 쉽게 마케팅과 친해질 수 있도록 글과 그림으로 표현해, 누구나 쉽게 블로그나 유튜브 마케팅을 할 계기를 만들어드리고자 합니다.

개업 공인중개사라면 알아야 할 기본적인 컴퓨터 활용부터 중개 업무에 필요한 프로그램 설치 및 사용 방법, 네이버 홈페이지에서 무료 플랫폼인 네이버 스마트 플레이스 지도 등록 방법과 네이버 톡톡 활용하기의 운영 기법과 썸네일이나 초대장 등 응용이 무궁무진한 디자인 플랫폼 미리캔버스의 활용법을 알려드립니다. 또한 중개업에 있어서 대표적인 인터넷 마케팅인 실전 블로그 만들기 편에서는 초보자도 쉽게 따라 할 수 있도록 상세하게 설명하고, 스마트폰에서도 블로그 글쓰기를 할 수 있는 방법, 대세인 모먼트 동영상 제작 방법까지 담았습니다.

특히, 검색 노출에 최적화된 블로그 콘텐츠를 만드는 방법부터 블로그 글쓰기 방법과 네이버 검색 엔진이 좋아하는 블로그 마케팅은 과연 어떤 것일까? 등 고민을 풀어주는 내용을 더욱 상세하게 담았습니다. 더불어 네이버 검색 광고에 대한 자세한 이해를 도와 내 업소에 맞는 키워드를 찾는 방법까지 알려드립니다.

공인중개사의 중개업 마케팅에 관한 모든 것

또한 요즘 대세 동영상 마케팅인 유튜브를 하기 위한 키네마스터 동영상 편집기를 중심으로 유튜브 업로드 방법까지 담아, 유튜브에 쉽게 접근할 수 있도록 상세하게 설명하고 있습니다. 부동산 중개사무소를 창업하려는 분들, 인터넷 마케팅에 자신이 없는 분들을 위해 컴퓨터를 다루는 기초적인 내용부터 수익 창출을 위한 인터넷 광고 마케팅까지 최대한 많은 내용을 알차게 실으려고 노력했습니다.

"잘 키운 블로그 하나, 열 광고 안 부럽다"라는 말이 있죠. 많은 분들이 온라인마케팅을 잘 활용해서 과다한 광고 비용의 지출 없이 블로그와 유튜브를 통해 성과를 낼 수 있기를 바라고, 이 책이 그러한 중개업 마케팅을 위한 지침서가 되기를 바랍니다.

김혜경

제4장 실전 블로그 만들기

공인중개사의

중개업 마케팅에 관한 모든 것

제**1**장

부동산 중개 마케팅에
대한 이해

01 부동산 중개와 마케팅

    부동산 중개업이란 부동산, 즉 토지나 건물 등의 매매 임대·교환의 거래를 도와주기 위해 중개를 업으로 하는 것을 말하며, 부동산은 부동성으로 인해 특수한 거래 형식을 가지고 있다. 공인중개사 자격을 취득한 사람은 공인중개사 자격증 등록 사본, 반명함판 사진, 실무교육 수료 확인증 사본, 건축물대장에 기재된 건물의 중개사무소를 확보했음을 증명하는 서류를 첨부해 중개사무소가 위치한 지역의 관할 시장·군수 또는 구청장에게 신청해서 사무소를 개설해야 한다.

    2023년 3월의 자료에 의하면 전국 부동산 중개업소 신규 개업이 역대 최저치를 기록할 만큼 부동산 거래량이 급감했다. 전국에서 신규 개업한 중개업소는 1,273곳, 2015년 이래 역대 최소치이면서 지난해와 비교하면 36% 급감했다. 자격증을 따고도 부동산 거래 절벽, 장기 침체로 인해 개업을 망설이는 분들이 많을뿐더러, 이미 중개업 시장이 포화인 상태에서 기존 공인중개사들을 뚫고 창업에 성공하기란 매우 어려운 상황이다. 초보 공인중개사가 실무에 대한 아무런 정보도 없이, 충분한 교육도 없이, 공인중개사가 넘쳐나고 매물은 한정된 상황에서 과연 살아남을 수 있을까?

중개업소는 늘어나고, 거래는 줄어드는 부동산 시장에서 창업하려는 분들은 부동산 중개업 창업에 대한 꼼꼼한 마케팅 전략을 세워야 할 것이다. 저자는 '중개업 4PMIX'라는 마케팅 전략을 세워보았다. 일반 재화의 마케팅에서 어떻게, 어디서, 누구와 경쟁을 할 것인지를 제품, 가격, 유통, 촉진의 4PMIX 전략을 세우듯, 우리 중개업에서도 계획(PLAN), 장소(PLACE), 전문적인(PROFESSIONAL), 홍보(PROMOTION)의 4PMIX 마케팅 전략을 세우고, 중개업을 창업하기 바란다.

먼저, 창업에 있어 계획(PLAN)을 세워야 한다.

내가 얼마의 경비로, 누구와 일을 할 것인가를 고민해보는 것이다. 중개업을 영위하는 데 필요한 창업비용, 사무실 유지비용, 인건비 등을 고려해 1년 정도는 수익이 없어도 유지할 수 있을 정도의 비용이 준비되어 있어야 한다.

창업비용에는 사무실 권리금, 보증금, 비품비용이 포함되고, 유지비용에는 관리비, 월세, 광고비, 공과금 등이 포함된다. 창업 시 같은 공인중개사들끼리 합동으로 창업하거나 가족끼리 업을 유지한다면 여러 가지로 유리하다. 창업비용 및 유지비용이 절감되고 인건비 부담이 없어 부동산 중개업소 창업을 할 때 많이 이용하기도 하는데, 합동 사무실을 운영할 경우 먼저 운영 방안이나 회계 문제를 꼼꼼하게 기록해서 쌍방 계약서를 적어두길 바란다. 혹은 혼자서 창업하는 경우는 주로 작은 원룸 관리 등을 하는 곳, 아파트 단지 내 상가에서 시작하는 경우가 많다.

신중하게 장소(PLACE)를 선택한다.

권리금이 없고 집과 가깝다고 무턱대고 사무실을 구하기보다는 아파트, 상가, 주택, 원룸, 토지, 공장 등 각 분야별 다양한 종류 중에서 내가 잘하는 분야, 자신 있는 분야를 선택해서 위치를 선정하는 것을 추천한다.

상가나 오피스텔, 원룸의 경우는 직장인들이 많이 찾는 역세권에 있는 경우가 많으며, 임대를 하다 보면 임대인과의 관계 형성이 잘될 경우도 생겨 큰 물건의 매매까지 이루어지는 경우도 있다. 하지만 이러한 상가 등이 위치한 역세권은 주변의 경쟁 업소도 많고 주로 젊은 층을 대상으로 하는 경우가 많아 고객에게 빠르게 정보를 전달하도록 노력해야 할 것이다.

아파트의 경우는 대개 아파트 단지 내 상가에 입점하는 경우가 많은데, 초보 공인중개사가 처음으로 시작하기에는 좋은 위치지만 권리금이 많고, 아파트 거래는 정책에 따라 움직이므로 가격의 폭이 크고 주위 경쟁 중개업소가 많아 광고비 지출이 많은 것이 단점이다.

주택 밀집지역은 상가와 단독주택, 다가구주택, 원룸 등이 주변에 있는 지역으로 중개사무소의 권리금도 적고, 초보 공인중개사에게는 다양하게 배울 것이 많은 지역이긴 하나 사소한 하자 문제가 다수 발생되는 곳이기도 하다.

하지만 굳이 목 좋은 곳이 아니더라도 저렴한 오피스텔이나 근린상가에 위치해서 월세나 권리금이 없는 곳에 창업해도 무방하다. 이렇게 사무소 위치에 따라 권리금이나 유지비용의 차이가 있을 수 있으므로 중개업 창업 시 사무실의 위치를 다각적으로 고려해서 선택해야 할 것이다.

전문적(PROFESSIONAL)인 개업 공인중개사가 되어야 한다.

공인중개사 자격을 취득한 후 다양한 부동산 종류에 대해 공부하면서 나의 적성에 맞는 분야의 전문적인 지식을 습득해야 한다. 공인중개업은 매매·임대 계약서, 권리금 작성하는 방법, 중개대상물 확인설명서 작성법 등 기본적인 업무의 습득도 필요하지만 세무, 법률, 정책은 주택이나 상가, 공장, 토지 중개 등 전문 분야에 따라 습득해야 할 지식이 다르기 때문에 그에 따른 전문화된 공부는 별도로 해야 한다.

예를 들어 재개발지역 인근 근린상가에 입점해 중개업을 영위하려는 개업 공인중개사는 정비사업의 흐름, 프리미엄과 수익구조, 재개발사업의 진행 단계별 절차 등을 정확하게 알고 브리핑할 수 있어야 하고 '도시계획정비법'에 대한 공부가 필요할 것이다.

마지막으로 홍보(PROMOTION)를 통해 내 사무실을 알리고 물건을 접수해야 하며, 매수인도 찾아야 할 것이다.

부동산 광고의 경우 오프라인 광고와 온라인 광고로 나눌 수 있다. 오프라인 광고에는 신문 광고(일간지 광고와 벼룩시장), 점두 광고(사무실 전면을 이용한 광고), 다이렉트 메일(DM) 광고, TV·라디오 광고(다수 고객에게 순간적으로 알릴 수 있고 신뢰성은 높으나 비용이 많이 드는 단점이 있다), 노벨티 광고(홍보용으로 조그마한 물건에 스티커 등을 붙이거나 인쇄해서 배포하는 광고), 업계 출판물 광고(부동산 업체의 출판물을 통한 광고), 교통 광고(교통수단을 이용하는 광고), 스티커 광고(원룸이나 아파트 입구에 있는 거울, 광고판 등에 허가를 받고 내는 광고), 전단지 광고(가장 효과적이지만 과태료를 받을 우려가 있다)가 있고, 이외에 명함 광고나 현수막 광고 등이 있다.

그렇다면 부동산 중개업소에서 진행할 수 있는 온라인 광고에는 어떤 것이 있을까? 부동산 온라인 광고는 인터넷 포털사이트나 카페, 블로그 등에 매물과 정보 등을 노출시켜 이를 본 고객을 중개사무실로 전화하도록 유도하거나 직접 방문할 수 있도록 하는 방법이다. 인터넷 포털사이트는 네이버 부동산이나 다음 부동산이 대표적이고, 이들 포털사이트는 부동산써브 부동산 114, 부동산 뱅크 등의 CP(Contents Provider)사를 두고 운영되며, 부동산 중개업소에서 직거래하는 형식으로는 광고를 하지 못한다.

CP사에 우선 가입을 한 후 네이버 부동산으로 매물을 전송하는 방법은 비용이 이중으로 들지만, 중개업소에서 가장 많이 하고 있는 온라인 광고 방법 중 하나다. 스마트폰의 발달로 부동산 중개업의 판도를 바꾸고 있는 부동산 관련 어플(앱)의 사용량도 늘어나고 있지만, 허위 매물이라는 미끼 매물로 인한 고객들의 피해가 늘고 있어 이에 대한 주의 및 관리가 필요하다.

블로그의 경우는 다음 블로그, 티스토리, 네이버 블로그 등이 있지만 우리나라 검색포털 중에서는 네이버가 검색량에 있어 우세하기 때문에 중개업에서는 네이버 블로그를 많이 사용하고 있다. 블로그 홍보의 경우, 글자 수 제한이 없어 부동산 관련 정보를 충분히 알릴 수 있기에 고객에게 신뢰를 얻을 수 있다는 장점이 있지만, 매번 바뀌는 검색 엔진을 이해해야 하며 상위 노출에 대한 부담감이 있다.

카페의 경우, 혼자서 글을 쓰는 것이 아니라 여러 사람이 글을 쓰기 때문에 정보력이 가장 강하다. 많은 회원들이 꾸준하게 동참하면 노출도 쉽고 저품질이라는 스트레스도 덜 받을 수 있다는 장점이 있지만, 스마트폰에서 '밴드'가 카페의 역할을 대신하고 있어 서서히 사용량이 줄고 있는 상황이다.

02 중개 마케팅과 SNS

SNS(Social Network Service, 소셜네트워크 서비스)는 인터넷에서 개인정보를 공유하고 의사소통할 수 있도록 도와주는 1인 미디어 및 1인 커뮤니티에 해당한다. 각 SNS들은 특성에 따라 내용이나 활용 패턴도 큰 차이가 있기에 각각의 특성에 따른 장단점을 바탕으로 사용 목적에 적합한 매체를 선택할 때 그 효과를 볼 수 있을 것이다.

2023년 국내 검색포털 시장은 네이버와 구글(유튜브) 양강 체제로 보이는데, 코리안클릭, 미래에셋증권 리서치센터에 따르면 2023년 1월부터 5월 22일까지 대한민국 검색포털 점유율은 다음과 같다.

순위	구분	기간 내 평균(%)
1	네이버	57
2	구글	30
3	다음	8
4	BING	5

2020년 말 코로나 펜데믹 시기에 유튜브 사용량이 늘어나면서 구글이 잠시 네이버의 점유율을 꺾기는 했지만, 2022년 12월 13일 '2022 블로그 리포트' 페이지를 오픈하면서 한 해 동안 블로그서비스에 축적된 데이터를 공개하면서 네이버 블로그와 관련된 다양한 지표에 다채로운 데이터를 제공하는 '네이버 블로그 리포트'와 사용자 개인의 블로그 활동 이력을 데이터로 제공하는 '마이블로그 리포트'로 나뉘어 구성하는 등, 네이버 블로그는 꾸준하게 성장세를 기록했다. 2023년 한 해 약 200만 개의 블로그가 새롭게 생성되었고, 전체 블로그 수는 총 3,200만 개로 집계되었다고 발표했다. 네이버 측에서 발표한 월 평균 사용자 통계를 보면 1020세대가 전년 대비 17% 증가하고, 5060세대도 평균 10% 정도 늘었다고 한다.

네이버 블로그 연령별 신규 사용자 통계

연령	신규사용자(%)
10~30대	76
40~60대	20
기타	4

* 젊은층이 대거 유입하게 된 동기인 주간일기 챌린저의 경우, 6개월간 103만 명이 참가한 것으로 알려졌다.

2022년 9월 20일 한국갤럽 조사에 의하면 국내외 주요 소셜 네트워크 서비스(이하 SNS)의 연간 이용률은 유튜브 93%, 네이버 밴드 43%, 인스타그램 36%, 카카오스토리 33%, 페이스북(현재는 메타로 바뀌었지만, 이 책에서는 지명도를 생각해 페이스북으로 표기했다) 32%, 트위터(현재는 X로 바뀌었지만 이 역시 지명도를 생각해 트위터로 표기했다) 15%, 틱톡 14% 순으로 나타났고, 이외 다른 SNS도 이용한 적이 있는 것으로 파악되었다. 유튜브·인스타그램·틱톡의 연간 이용률은 2021년 대비 약 5%포인트 증가했고, 카카오스토리·페이스북은 각각 7%포인트, 3%포인트 감소했고, 네이버 밴드나 트위터는 작년과 비슷했다.

국내외 주요 SNS의 연간 이용률(2022년 기준, %)

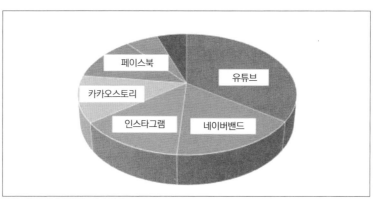

출처 : 한국갤럽 원출처, 저자 작성

　온라인 마케팅을 통한 콘텐츠의 중요성이 점점 강조되고 있는 가운데 그 콘텐츠만의 장점과 단점을 잘 활용해 부동산 홍보를 하기 위해서는 고객들에게 유용한 콘텐츠를 만들어야 하고, 보기 편하고, 신선하고 그리고 차별화된 콘텐츠로 SNS의 특성에 따라 중개업 특성과 잘 접목해 활용 가능한 SNS를 사용할 것을 권한다.

페이스북

페이스북은 2004년 2월 14일 시작된 미국의 소셜미디어로 한국에서는 2015년부터 젊은 층에서 기존에 유행했던 카카오스토리를 밀어내고 누구나 사용하는 보편적인 SNS로 자리 잡았다.

새 인맥을 만들기 쉬워, 친구의 친구 기능을 이용한다든가 해서 그냥 얼굴만 알던 사람과 친구가 되는 경우가 많다. 주로 정치인들이나 주요 단체들이 적극적으로 이용하는 소셜네트워크다.

타임라인, 뉴스피드, 페이스북 페이지, 페이스북 그룹으로 나뉘고, 타임라인은 일명 담벼락이라고도 하며, 이름과 프로필 사진을 제외한 대부분의 정보는 공개 설정에 따라 상당히 자세하게 공개 대상을 설정할 수 있다. 유저의 프로필 사진이나 이름을 클릭해 들어갈 수 있고, 프로필, 개인 게시글, 공유 글, 혹은 타인이 자신에게 보낸 게시물이 시간순으로 올라오며, 정보, 친구 등 다른 탭에서는 등록한 신상 정보와 친구, 공통 친구 목록을 볼 수 있다.

뉴스피드의 경우는 페이스북의 가장 기본적인 기능으로 프로필과 친구들의 소식, 자신이 올린 소식 그리고 누군가에 의해 올려진 소식들로 채워지고, 서로 '댓글'과 '좋아요'를 표현하는 곳이다.

페이스북 페이지는 기업이나 유명한 회사의 상품 등을 알리거나 공식적인 소식, 이벤트 등을 열면서 다양한 마케팅 활동으로 연결해, 일반 재화의 경우에는 직접 구매도 가능하게 하는 기능을 가진다. 개인이 여러 개의 페이스북 페이지를 만들 수 있다.

페이스북 그룹은 카페나 밴드 같은 커뮤니티 공간이라고 이해하면 된다. 기본적으로 250명의 멤버가 한 그룹에서 채팅을 통한 소통이 가능하며, 그룹 내에서도 게시물을 통한 마케팅 활동을 할 수 있는 장점을 가지고 있다.

페이스북은 콘텐츠를 전달하는 기능, 그리고 가장 넓은 파급력과 전달력을 가진 SNS로서, '좋아요'를 클릭함으로써 연결된 인맥으로 콘텐츠가 확장되고 있으며, 아무도 알아주지 않는 초창기의 블로그가 고민이라면, 이처럼 전달력이 큰 페이스북과 연동해 블로그 정보를 공유하면서 내 블로그를 확장시킬 수 있는 좋은 SNS다. 페이스북을 잘 운영할 수 있는 방법은 다음과 같다.

· 내 계정의 친구 타깃을 정한다. 중개업소를 하는 지역의 취미나 관심사에 따른 동호회(그룹)에 가입해 지역 인맥을 만드는 것이 좋다.
· 페이스북 페이지를 활용한다. 페이지는 내 사업을 알리는 공간으로 페이스북 개인 계정은 친구가 5,000명으로 한정되어 있지만, 페이지는 무제한으로 좋아요 펜을 만들 수 있고, 여러 개의 페이지를 관리할 수 있어 브랜드 홍보에 좋다.
· 블로그 포스팅을 페이스북에 링크를 걸어두면 블로그 지수도 상승하는 좋은 효과를 볼 수 있다.

카카오스토리

카카오스토리는 카카오톡과 연계된 서비스로 스마트폰이나 PC에서 연동되고 있는 SNS다. 그러므로 카카오스토리 마케팅은 TV

홈쇼핑을 스마트폰이나 PC에서 운영하는 것이나 다름없는 홍보 마케팅의 일종이다. 카카오톡과 연결된 계정으로 쉽게 만들 수 있으며, 새로 이메일을 입력해 개인 계정을 만들 수도 있다.

프로필에는 이름과 한 줄 소개, 배경화면, 아이디까지 모두 기록해놓고, 친구 찾기 모드로 들어가 공감과 댓글을 통해 이웃을 만들며, 그들과 관계를 이어가면서 확장해가는 콘텐츠다. 다른 SNS에 비해 훨씬 단순하고 꼭 필요한 기능(글, 이미지, 촬영, 필독, 공유, 덧글)만 담았고, 모바일 기반으로 예전에는 글자 수 제한이 있었지만, 현재는 5,000자로 늘어나 넉넉해졌다. 초반과는 달리 기능이 많아지고 화려하기만 하다는 평도 있어 사람마다 호불호가 갈리고 있다. 카카오스토리 또한 블로그 포스팅 및 유튜브 동영상을 공유해 게시물로 올릴 수도 있고 페이스북에 비하면 폐쇄적이기는 하지만 한국형 SNS라 방법이 간단하고 한국 정서에 맞는 안정적인 채널을 운영할 수 있다는 장점이 있다.

인스타그램

인스타그램은 2010년 10월 서비스를 시작해 2012년 4월 페이스북에 인수된 온라인 사진, 동영상 공유 프로그램으로 '세상의 순간을 포착하고 공유한다'라는 뜻을 품고 있다. 1990년대 중반부터 2000년대 초반 출생한 한국인이 가장 많이 사용하는 애플리케이션은 인스타그램으로 와이즈앱이 2022년 11월 발표한 자료에 따르면 이용자는 약 848만 명으로 2021년 8월 대비 약 138만 명 증가했다.

10억 명 이상의 월간 활성 사용자가 있으며, 인스타그램을 사용해 제품이나 서비스의 사진과 영상을 공유함으로써 기업이나 소상공인에게는 많은 잠재고객과 접촉할 수 있는 기회를 준다.

인스타그램은 이메일 기반으로 비실명 계정 생성이 가능하고, 한 휴대전화에서 5개의 계정을 동시에 만들 수 있으며, 홈페이지, 블로그 등의 링크를 자유롭게 넣을 수 있지만 게시물 공유는 불가능한 SNS다. 고객과의 관계에 있어 댓글과 메시지로 응답이 가능하며, 나를 중심으로 공동체 의식을 만들 수 있는 장점을 가지고 있으며, 웹사이트나 온라인으로의 트래픽을 유도하는 데 사용할 수 있는 SNS다.

인스타그램은 누구나 자유롭게 사진과 영상을 올리거나, 검색할 수 있고, 해시태그로 검색했을 때 사용 경력과 상관없이 노출이 된다는 장점이 있고 사용법이 복잡하지 않아 상위 노출, 최적화, 저품질 등의 부담없이 편안하게 즐길 수 있다.

인스타그램은 해시태그로 나만의 핵심 키워드를 활용하는 것이 가장 중요하다. 사람들은 원하는 해시태그를 검색해서 게시물을 보고, 또 그 게시물 안에 있는 다른 해시태그를 클릭하면서 다른 글을 보는 행위를 반복하고 있다. 해시태그는 인스타그램 검색창을 통해 검색할 수 있으며, 초기에는 특정 주제와 상관없이 소통을 늘리기 위해서 모든 사람에게 통용될 수 있는 해시태그를 사용하고, 사업의 메인 키워드나 핵심 키워드, 그리고 중개업소 상호나 내가 일하고 있는 분야의 직접적인 키워드를 해시태그로 활용하면 좋다.

인스타그램을 잘하기 위해서는 우선 내 사업의 해시태그를 분석해서 잠재고객을 잘 파악해야 하고, 계정을 꾸준하게 운영해야 한다. 특히 모든 SNS 마케팅의 기본은 먼저 팔로잉(선팔), 먼저 좋아요(선 좋아요), 댓글을 달아주는 등 성의를 보이면서 상대방과 이웃을 맺어가는 것이다. 인스타그램은 주로 20~30대 여성들이 선호하는 SNS로 맛집이나 스포츠, 패션업계 등이 주를 이루고 있으나, 직방이나 다방 등 부동산 업체들도 짧은 동영상을 노출시키면서 광고의 수단으로 활용하고 있다.

네이버 밴드

2012년 8월 8일 출시된 밴드의 주 이용층은 30~40대로 이들은 경제활동 인구 중 비율이 가장 높다. 2015년 대대적인 UI 개편과 함께 밴드 찾기 기능이 추가되면서 비공개로 운용되었던 밴드도 공개로 변경이 가능해 검색 기능을 이용해 아무나 밴드에 자유롭게 가입할 수 있게 되었지만, 각 밴드의 성격에 따라 가입 기준이 달라 여전히 폐쇄형 SNS로 운영되고 있다.

아는 사람들끼리, 또는 취미가 같은 사람들끼리 소통하는 공간에서 출발한 밴드는 단순한 정보를 받기 위해서 모였지만 다른 SNS에 비해 체류시간이 길어져 밴드 운영자에 대한 충성도가 강하게 작용하는 곳이다. 글은 자주 올라오지 않지만 대부분이 공지성의 글이라 그만큼 메시지를 확인할 확률이 높기 때문이다. 주요 기능으로는 게시판, 채팅, 사진첩, 캘린더, 멤버 주소록, 투표, 동창 찾기 등을 제공하고 있다. 회원모집이 어렵고 시간이 많이 걸려 활성화가 어렵기는 하지만 양질의 콘텐츠를 업로드하고, 공유하기를 많이 유도함으로써 활성화만 된다면 정보 공유에 있어서 이만한 SNS도 없을 것이다.

03 네이버 마케팅

네이버 마케팅 정복하기

검색과 사용량에서 유튜브에 뒤처지기 시작한 네이버는 2018년 6월, 네이버 15주년을 맞이해 블로그의 현재 기술과 미래, 다양한 콘텐츠를 위한 기술, 디자인의 변화, 통계로 보는 블로그, 애드포스트 개선, 블로그 특별 세션 등 6개의 주제를 발표한 블로썸데이를 통해 네이버 블로그의 큰 변화를 예고했다.

네이버 블로그의 가장 큰 변화는 이미지와 텍스트 위주의 콘텐츠보다 동영상 콘텐츠가 더 많이 생산되고, 노출되도록 동영상 기능을 대폭 강화하고, 블로그의 수익배분 프로그램인 애드포스트 개선 등 블로그 서비스를 강화하고, 새로운 시대에 맞는 다양한 기능들을 집중 개발해서 멀티포스팅으로서의 역할을 시도했다는 점이다. 여기서는 4가지의 주요 주제 변화를 알아보고, 꾸준히 개편되어가는 네이버의 움직임을 네이버 공식블로그를 통해 접하는 습관도 들여야 한다.

첫째, 검색엔진의 변화다. 2018년 6월 이후 네이버는 C-Rank 검색 알고리즘을 확대 적용하고 다이아(D. I. A : Deep Intent Analysis) 로직을 새로이 반영했다. 특정 관심사나 해당 주제에 대한 좋은 콘텐츠를 생산하고 있는 블로그에 높은 점수를 주는 검색 엔진인 C-Rank를 확대 적용하고, 문서의 경험을 반영하는 다이아 로직은 문서에 대한 사용자의 선호도를 다양한 방법으로 측정해 순위에 반영한다. 즉, 사용자가 선호하는 실제 경험 기록이나 상세한 정보가 있는 문서에 높은 점수를 반영하고 체류 시간, 공유, 횟수 등의 소통을 노출의 기준으로 삼겠다는 것이다.

이제 네이버 검색엔진은 블로그에 대한 선호도와 신뢰도 점수를 반영해 상위 노출이 가능하도록 하고 있다. 기존 C-Rank 검색 알고리즘은 오랫동안 블로그를 키워왔던 분들에게 유리했다고 하면, 다이아 로직이 적용되면서 신규 블로그라도 신뢰도 점수가 높다면 상위 노출이 가능하게 되었다.

둘째, 동영상 중심의 VLOG다. 디지털 미디어랩 나스미디어의 '2019년 인터넷 이용자 조사 결과'를 보면 대상자 중 60%는 유튜브에서 정보를 얻고, 온라인 검색 시 이용하는 채널 1순위는 네이버가 92.4%로 1순위를 차지하고 있다. 2018년 6월 이후 네이버는 BLOG를 VLOG라고 개편하고, 기존의 텍스트나 이미지 위주의 블로그에서 동영상을 기반으로 하는 콘텐츠로 변화를 시도하면서 내가 찾는 검색어와 관련 있는 영상을 더 쉽게 찾을 수 있도록 검색어 추천 기능을 제공한다는 데 큰 의미를 두었다.

VLOG로 진화하면서 네이버 블로그 내 삽입되는 동영상 편집 프로그램의 성능을 높이고 블로그 앱에 무비에디터 기능 및 동영상 첨부 관련 기능들을 추가하고, 영상을 알아서 편집해주는

공인중개사의 중개업 마케팅에 관한 모든 것

오토트랜스포메이션(AI) 기술이 추가되었다.

여기에 라이브방송이 가능해지고 기존에 만든 영상을 네이버 TV에 동시 송출해주고(멀티 퍼블리싱), 블로그 동영상 업로드 용량 확장 등 동영상 관련 기능을 강화하는 대대적인 개편이 현재까지 이루어지고 있으며 추후 동영상 뷰어와 에디터가 개발 완료되는 시점에 맞추어 이용자들에게 동영상이 점점 노출될 수 있도록 메인과 검색 기능 등이 개편될 예정이다. 네이버는 이러한 개편을 통해 블로그를 유튜브에 대응하는 콘텐츠로 키워나갈 것이라고 예고하고 있다.

셋째, 네이버 애드포스트다. 애드포스트는 미디어에 광고를 게재하고 광고에서 발생한 수익을 배분받는 광고 매칭 및 수익 공유서비스로 블록 본문 포스팅에 연관된 광고들이 노출되는 서비스다. 네이버 블로그 개편 이전에는 항상 하단에 고정되어 있어 특별히 수입이 많이 잡히지 않아 유명무실했던 것을 2019년 1월 이후 블로그 주인이 원하는 위치(블로그 본문 중앙에도 노출 가능)에 광고를 노출 가능하게 함으로써 블로그를 통한 수익 창출이 더 많아질 수 있도록 했다.

사실 유튜브의 광고 수익과 네이버 블로그의 광고 수익을 비교했을 때 엄청난 차이가 발생한다. 특히 블로그는 열심히 공들여 키우다가도 검색 알고리즘이 바뀌면 포스팅이 노출되지 않는 경우도 많았고, 수익까지 연결되지 않으니 고수의 블로거들이 떠나는 이유 중 하나였다. 애드포스트 광고의 노출을 본문 중앙에 삽입할 수 있도록 한 개편은 블로거들의 수익을 높여 유튜브로 빠져나가는 블로거들을 붙잡으려는 의도가 아니겠는가.

가입 조건은 개인의 경우 만 19세 이상 대한민국 국적 소유자 및 외국인 등록번호 보유자만 애드포스트에 가입할 수 있고, 사업자의 경우 개인사업자와 영리 법인만 가입이 가능하며 비영리법인 및 면세사업자의 경우 가입이 불가하다.

네이버에 실명 확인된 계정 중 1개의 계정만 가입할 수 있고, 사업자등록번호·법인등록번호 당 1개의 계정만 가입할 수 있으며, 애드포스트 승인 조건은 아이디 생성 후 90일 이후, 포스팅 수보다는 게시된 글로 인해 내 블로그의 유입 정도에 따라 승인 여부도 알 수 있다.

넷째, 네이버 통계의 변화다. 네이버는 블로그 통계 개편에서 서비스 전체 평균 데이터, 상위 그룹 평균 데이터, 자신의 블로그 평균 데이터를 비교할 수 있도록 했다. 이전에는 네이버가 오늘을 기준으로 한 과거의 데이터만 보여줬다면, 이제는 블로그가 어떤 검색어로 실시간으로 노출되는지 보여줌으로써 콘텐츠의 부족함과 앞으로의 방향을 설정하는 데 도움을 주고 있다.

개편된 블로그 통계에서 주의 깊게 관찰해야 할 점은 평균 사용 시간과 평균 데이터 정보다. 평균 사용 시간은 사람들이 내 블로그에 체류하는 시간으로, 읽을거리가 많은 양질의 콘텐츠일수록 사람들이 오래 머물기 때문에 이를 체류 시간으로 보고 양질의 블로그를 판단하는 기준으로 삼겠다는 것이다. 일간, 주간, 월간 단위의 통계는 내가 양질의 블로그를 생산하고 있는지를 가늠할 수 있는 지표이므로 항상 체크하는 습관을 가져야할 것이다.

평균 데이터 정보 제공은 내 블로그가 상위 몇 위인지 알 수 있는 정보 데이터로 여기에서 블로그 전체 데이터, 상위 5만 개 블로그 평균 데이터, 나의 평균 데이터를 볼 수 있다. 비교지표, 조회 수, 게시글, 평균 사용 시간, 시간대 분포, 성별, 연령별 분포, 기기별 분포까지 3개월마다 업데이트해 내 블로그의 평균 데이터를 보여준다. 이 통계를 통해 내가 상위 그룹에 속하고 있는지를 비교 분석하기보다는 내 블로그 평균 데이터가 꾸준히 상승하고 있는지를 확인한다면 내 콘텐츠를 성장시키는 데 도움이 될 것이다.

네이버 무료 플랫폼 활용

네이버에 회원가입을 했다면(네이버 아이디는 1인당 3개까지 만들 수 있다) 로그인 옆 내 정보를 클릭해서 기본 정보를 변경해두자. 특히 닉네임과 지역 설정, 그리고 보안 설정까지 꼼꼼하게 체크하자(2단계 인증 설정을 통해 내 아이디를 해킹에서 보호하자).

네이버 닉네임 및 지역 설정

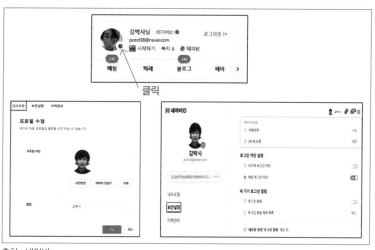

출처 : 네이버

· 네이버 스마트플레이스

네이버 스마트플레이스는 네이버에서 무료로 내 오프라인 가게가 지도에 노출되도록 하는 역할의 플랫폼으로 네이버 지도 등록 서비스가 업그레이드된 것으로 보면 된다. 특징은 내 업체의 특정 키워드를 기록해두면 네이버 지도에서 노출이 가능하고, 업체 이미지 추가 등 오프라인 가게를 온라인에 노출시켜주는 역할을 한다는 것이다. 여기에서는 스마트플레이스에서 내 업체 등록 방법과 키워드를 설정하는 방법까지 알아보도록 한다.

먼저 네이버 검색창에서 '네이버 스마트플레이스'를 검색한다.

네이버 스마트플레이스 업체등록

출처 : 네이버

먼저 업체 찾기를 클릭해 현재 운영하고 있는 부동산 중개업소가 등록되어 있는지 알아본다.

공인중개사의 중개업 마케팅에 관한 모든 것

네이버 스마트플레이스 등록 현황 조회 방법

한가지 방식을 선택해 입력하세요.

전화번호로 조회하기

051 ▼   3161088

사업자 등록번호로 조회하기

사업자 등록번호를 입력해주세요.

업체명으로 조회하기

조회할 업체명을 입력해주세요.

업체찾기

출처 : 네이버

사무실 전화번호나 사업자 등록번호, 업체명으로 조회한다.

네이버 스마트플레이스 등록 현황

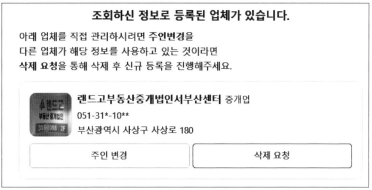

조회하신 정보로 등록된 업체가 있습니다.

아래 업체를 직접 관리하시려면 **주인변경**을
다른 업체가 해당 정보를 사용하고 있는 것이라면
삭제 요청을 통해 삭제 후 신규 등록을 진행해주세요.

랜드고부동산중개법인서부산센터 중개업
051-31*-10**
부산광역시 사상구 사상로 180

| 주인 변경 | 삭제 요청 |

출처 : 네이버

내가 일하는 중개사무소 위치에 다른 업체가 있다면 주인 변경이나 삭제 요청을 하면 네이버에서 바로 정리해주고, 신규 등록을 신청하면 된다. 가령 내가 기존에 있던 가게를 인수받은 경우라면 스마트플레이스에 등록되어 있을 가능성이 높고, 같은 업종의 경우 주인 변경으로, 업종이 바뀐 경우는 삭제를 하면 되는데, 신도시에 입지하는 상가의 경우는 신규 등록을 해야 할 것이다. 신규 등록이든지, 수정을 하든지 스마트플레이스는 네이버 주력 홈으로 네이버 지도에서 키워드를 통해 노출되고 있어 꼭 세팅을 해두는 것이 좋다.

구체적으로 신규 등록 절차를 살펴보면 다음과 같다. 이때 사업자등록증을 사진으로 찍어 바탕화면에 미리 준비해두면 더 원할하게 진행할 수 있다.

① 업종 또는 단체 분류

업종 또는 단체의 분류를 입력해서 검색한다(부동산 중개업소의 경우 '한국공인중개사협회'로 검색).

네이버 스마트플레이스 업종 선택

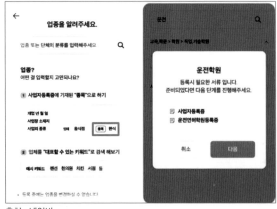

출처 : 네이버

공인중개사의 중개업 마케팅에 관한 모든 것

② 사업자 정보확인

사업자등록증이 있는 경우 사진을 올리면 문자인식(OCR) 기술로 자동으로 입력되지만, 사업자등록증 없이 네이버 비즈니스금융센터로 간단하게 사업자 정보를 확인할 수도 있다. 그러나 이 과정이 생각보다 쉽지는 않을 수 있으니 가급적 사업자등록증을 준비 후에 입력하기를 바란다.

네이버스마트플레이스 사업자등록증 확인

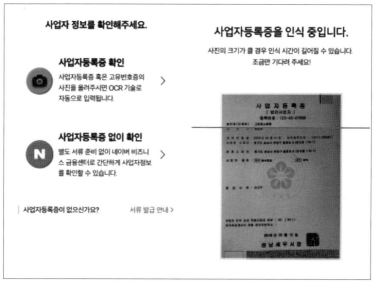

출처 : 네이버

③ 기본 정보 입력

업체명, 업체 사진, 상세 설명, 대표 키워드 등 중개업소 정보를 입력한다. 업체 사진의 경우 개업 공인중개사 사진, 같이 일하는 소속 공인중개사 등과 함께 찍은 사진, 내부 사진, 간판 전면, 측면 등을 함께 첨부하고, 지도에는 고객이 내 중개사무실까지 쉽게 찾아올 수 있도록 상세하게 기록하는 것도 고객에 대한 배려일 것이다.

네이버 스마트플레이스 기본 정보 입력

출처 : 네이버

④ 부가 정보 입력

기본 정보 외 부가 정보 및 휴무일 정보는 언제든지 입력 및 수정이 가능하며, 서비스에 즉시 반영된다.

공인중개사의 중개업 마케팅에 관한 모든 것

네이버 스마트플레이스 부가 정보 입력

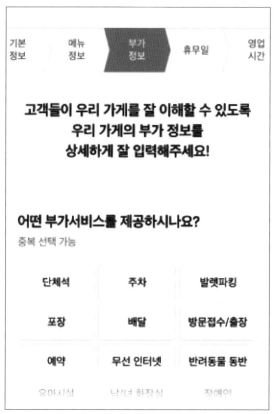

출처 : 네이버

통상 필수 제출 서류가 없는 업종이라면 사업자등록증을 첨부하면 신규 등록이 즉시 완료되고 입력한 정보(업종, 업체명, 대표 키워드 등)에 검수가 필요한 정보가 있을 경우 영업일 기준 최대 5일 이내 검수 경과를 등록 신청한 메일(문자)로 안내가 온다.

네이버 스마트플레이스는 스마트폰에서 다운받아 사용할 수 있다. 먼저 스마트폰 플레이스토어에서 '네이버 스마트플레이스'를 다운로드하고 문자인식 기술로 사업자등록증만 스마트폰에 저장되어 있으면 사업자정보를 자동으로 입력할 수 있고, 사업자등록증을 직접 카메라로 찍어서 업로드 후 중개업소 기본 정보를 입력하면 된다.

네이버 스마트플레이스는 모바일 사용자가 늘면서 관심도가 높아지는 영역으로 고객이 네이버 지도에서 ○○지역 부동산으로 검색할 때 쉽게 노출되게 해준다. 기본 정보를 꼼꼼하게 제공해주고, 고객들이 많은 리뷰를 남겨주면 높은 점수를 받을 수 있다.

| 실전 Tip | 대표 키워드는 5개까지 쓸 수 있다

키워드는 손님들이 내 가게를 검색해서 찾아오게 하는 역할을 한다. 대표 키워드는 내가 생각했을 때 사람들이 내 사업장을 찾기 위해서 처음 검색할 것이라고 생각하는 단어의 조합으로, 예를 들어 네이버 지도에서 손님이 '사상구 공장 부동산'을 검색하면 다음과 같이 '랜드고부동산중개법인서부산센터'가 지도에 검색되어 나오는 것을 볼 수 있다.

네이버 스마트플레이스에 대표 키워드를 입력한 예시

대표키워드를 적어주세요.
업체를 대표하는 메뉴명, 서비스명, 상품명 등을 단어 1개씩 입력해주세요. (최대 5개)

예) 짜장면

| 지식산업센터부동산 ✕ | 부산공장부동산 ✕ | 부산상가부동산 ✕ | 부산토지부동산 ✕ |

| 사상구공장부동산 ✕ |

출처 : 네이버

공인중개사의 중개업 마케팅에 관한 모든 것

출처 : 네이버

대표 키워드를 만들 때는 먼저 네이버 검색창에 '사상구 공장'을 검색했을 때 나타나는 자동검색어에서 내 업소와 연관되는 키워드를 사용하면 되고, 세부 키워드는 '네이버 광고 사이트'에서 키워드 도구에서 '사상구 공장'을 검색해서 조회하면 결과로 나오는 연관 키워드와 선택한 키워드를 추출해서 사용하면 된다.

대표 키워드 5개는 중개업소의 위치에 따라 전문적으로 취급하는 물건들 중심으로 선정하면 되는데, 재개발 지역의 경우 '○○구역부동산', 공단의 경우 '○○공단부동산' 등 위치에 따라 '○○지역부동산' 등 위치나 전문 부동산 업무에 따라 대표 키워드를 설정해주는 것이 중요하다.

· 네이버 톡톡 파트너센터

출처 : 네이버

네이버 톡톡 서비스는 친구 추가나 앱 설치 없이 바로 대화할 수 있는 웹 채팅서비스로 PC나 모바일 환경에서 이용자가 '톡톡하기' 버튼을 클릭하면 바로 대화 창이 열리고 대화할 수 있다.

네이버 톡톡의 등록 절차는 다음과 같다.

① 휴대폰 번호 인증

네이버 톡톡 등록, 본인 인증 절차

출처 : 네이버

② 전용 톡톡 파트너 앱 다운로드
문자로 전송된 네이버 톡톡 파트너 앱을 설치해서 알림 서비스를 받는다.

네이버 톡톡의 스마트폰 다운로드

출처 : 네이버

공인중개사의 중개업 마케팅에 관한 모든 것

③ 계정관리

프로필 설정, 상담관리, 마케팅관리, 자동응대관리, 설정, 통계를 설정 또는 관리하는 곳으로 간다.

네이버 톡톡 계정관리

출처 : 네이버

네이버 톡톡은 네이버에서 서비스하는 기업용 상담 및 알림 메신저 서비스다. 사업자는 네이버 파트너센터에 가입해서 고객들의 상담부터 마케팅까지 할 수 있는 쉽고 응대하기 편한 앱이다. 카카오톡은 알아도 네이버 톡톡을 모르는 분들은 많을 것이다. 카카오톡은 쌍방이 모두 사용하고 있어야 소통할 수 있는 앱이라면, 네이버 톡톡은 고객이 친구 추가나 앱 다운로드를 할 필요가 없고, 사업자만 네이버 파트너센터 앱을 설치하고 앱을 통해 알림이 오면 사업자가 빠르게 고객 응대를 할 수 있다. 마케팅, 통계 등 페이지를 쉽게 관리할 수 있는 장점이 있고, 네이버 블로그를 통해 네이버 톡톡을 삽입해서 블로그 매물 상담에 활용하면 고객 관리와 상담이 편리해진다.

네이버 톡톡의 블로그 연결

출처 : 네이버

고객의 경우 스마트폰 네이버 앱 화면 알림을 통해 답변을 바로 받을 수 있다. 고객이 원하는대로 쉽고 빠르게 대화할 수 있으며, 고객이 원할 때 바로 친구를 맺을 수도 있다.

· 네이버 Modoo 홈페이지

중개업에 있어서 홈페이지를 만드는 일은 필수적일 것이다. 하지만 홈페이지를 제작하는 데는 비용도 비싸고, 제작 과정 또한 어려워 보통 사업자들은 부동산 관련 홈페이지를 일 년 단위 또는 몇 개월 단위로 가입해 사용하기도 한다.

홈페이지 전문 제작 사이트에서 스스로 간단하게 만들 수도 있지만, 네이버 Modoo 홈페이지의 경우 제작 방법도 간편하고, 네이버에 자동으로 등록이 가능하며, 모바일이나 PC환경에서 호환되기 때문에 중개업에서 유용하게 사용할 수 있는 무료 홈페이지다.

네이버 Modoo 홈페이지를 사용해야 하는 이유는 일단 제작·등록·운영비용이 무료며, 네이버에 자동으로 홈페이지를 등록할 수 있고, 키워드 상위 노출 기능으로 내 중개업소의 핵심 키워드를 검색했을 때 상위 노출되는 장점을 가지고 있으므로 꼭 사용하기를 권한다.

Modoo 홈페이지는 별도의 가입 없이 네이버 아이디로 로그인이 가능해 쉽게 만들 수 있고, 제작 방법 또한 모두 홈페이지 공고에 잘 나와 있다. 여기서는 중개업에 맞는 Modoo 홈페이지를 만드는 방법을 소개하고자 한다.

먼저 Modoo 홈페이지에 들어가서 네이버 아이디로 로그인을 한 뒤, 서비스 이용 동의 창에 동의한 후 내 홈페이지에 맞는 구성에 체크하고 업종을 부동산 중개로 선택 후 Modoo 홈페이지를 꾸미면 된다. 구체적인 방법은 다음과 같다.

네이버 Modoo 홈페이지 시작 화면

출처 : 네이버

다음과 같이 질문에 체크 후 '다음'을 클릭하면 홈페이지를 어떤 용도로 만들 것인가를 클릭해서 다음 페이지로 들어간다.

네이버 Modoo 홈페이지 시작하기

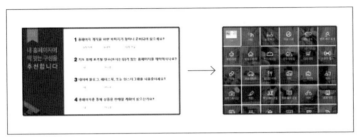

출처 : 네이버

Modoo 홈페이지는 정보형, 이미지형, 포스터형, 버튼형, 자유형으로 만들 수 있도록 세팅되어 있으며, 업체의 성격에 따라 홈, 오시는 길, 매물정보, SNS ,문의하기, 게시판 등 더 추가할 것이 있으면 새 페이지 추가도 가능하다.

네이버 Modoo 홈페이지 기본 세팅

출처 : 네이버

기능이나 구성 디자인은 기본 자료와 소스가 있어 몇 번 클릭해보면 바로 적용되어 보여지므로 클릭 몇 번으로 제작이 간단하다. 컴퓨터에 능숙하지 않은 사람도 쉽게 홈페이지를 제작할 수 있다. 통상 부동산 중개업소를 창업하면 부동산써브나 부동산114 등에서 홈페이지를 제작해 매물을 올리기도 하지만, 이 경우 네이버에서 무료로 만들어 사용할 수 있도록 했으니 노출에 있어서도 타 홈페이지에 비하면 쉽게 활용할 수 있다. Modoo 홈페이지의 장점을 정리하면 다음과 같다.

① 개별 홈페이지, 블로그, 인스타그램, 페이스북 등 서로 각각 서로 다른 SNS 소식들을 모아 놓을 수 있다.
② 메뉴사진과 메뉴명, 가격 등을 보기 좋게 등록할 수 있다(부동산의 경우 매물 정보로 활용하면 된다).
③ 누군가 게시판에 문의를 남기면 문자나 이메일, 톡톡 등으로 바로 알림이 온다.
④ 네이버 예약과 연동이 가능하다.
⑤ Modoo에 등록한 이미지는 네이버 통합검색에 노출된다.

공인중개사의

중개업 마케팅에 관한 모든 것

제2장

편리한 인터넷
활용하기

공인중개사의 사무실 창업에 필요한 것들은 무엇일까? 책상과 접대용 소파 또는 테이블, 전화, 그리고 컴퓨터를 떠올릴 수 있는데, 그중에서 가장 필요한 것이 컴퓨터일 것이다. 부동산 중개업은 출근하면 매물을 홈페이지에 올리거나 포털사이트에 올리는 것이 제일 우선인 업무인데, 컴퓨터를 다룰 줄 모르는 채로 매일 많은 시간을 컴퓨터 앞에 앉아 있다면 얼마나 힘들겠는가?

컴퓨터를 배울 때 제일 먼저 해야 할 것이 자판기 타자를 익히는 것이다. 우선 요즘은 계약서부터 수기로 쓰기보다는 '한방'이나 기타 부동산 중개 사이트에서 주는 계약서를 많이 활용하고 있으며, 고객의 매물 정리, 물건 정리 등 중개업소에서 하는 일 중 대부분의 업무가 컴퓨터에서 시작해 컴퓨터로 끝난다고 보면 된다. 타자는 매일 30분의 시간을 투자해서 연습하는 것이 평생 동안의 일이 될 수도 있는 중개사무소에서 스트레스를 덜 받는 지름길일 것이다. 이 책에서는 컴퓨터 타자 연습은 스스로 꾸준히 한다는 가정하에 컴퓨터 폴더와 단축키의 활용 방법을 알려드리려고 한다.

공인중개사의 중개업 마케팅에 관한 모든 것

01 북마크 설정하기

　북마크는 인터넷익스플로러의 즐겨찾기 기능으로 책갈피라는 뜻이다. 주로 많이 사용하는 홈페이지를 쉽게 찾아갈 수 있도록 그 주소를 상단 바에 저장해두고 사용해보자. 설정 방법은 '크롬' 창을 열고, 중개업을 하다 보면 국토교통부 정보를 많이 활용하므로 '국토교통부 홈페이지'를 상단 바에 북마크로 만들어두면 편리하다.

　컴퓨터 화면 상단 오른쪽의 세로 점 3개가 있는 곳을 클릭해서 북마크 창이 나타나면 북마크를 클릭하고, 현재 탭을 북마크로 추가(Ctrl+D)를 클릭하면 상단에 국토교통부 홈페이지가 저장되어 있는 것을 볼 수 있다. 이렇게 중개업을 하면서 많이 찾는 홈페이지를 북마크에 등록해두고 사용하면 좀 더 빠르게 컴퓨터를 사용할 수 있다.

크롬에서 북마크 설정 방법

출처: 저자 제공

크롬의 북마크 화면

출처: 저자 제공

02 컴퓨터 화면 정리 - 폴더 만들기

컴퓨터의 바탕화면은 다양한 아이콘들로 채워져 있다. 이를 필요에 따라 자료를 만들거나 다운을 받게 되면 많은 자료가 두서없이 바탕화면을 꽉 채우게 된다. 이러한 자료들을 특성에 따라 분류해 하나의 폴더를 만들어 정리하면 업무를 효율적으로 볼 수 있다.

폴더는 컴퓨터의 바탕화면에 파일이나 문서를 정리하고 싶을 때 그 성격에 따라 이름을 만들어 저장하면 나중에 쉽게 찾을 수 있다. 폴더는 바탕화면에만 만들 수 있는 것은 아니고 컴퓨터 내 하드웨어, 각종 클라우드에도 만들 수 있어 전체적으로 나의 책장과 같은 기능을 하고 있다고 보면 된다.

컴퓨터 바탕화면에서 폴더를 만드는 방법을 살펴보자. 먼저 PC

바탕화면에서 빈 곳에 커서를 두고 마우스 오른쪽 버튼을 누르면 다음과 같은 창이 뜬다. 그러면 '새로 만들기'를 클릭 → '새로 만들기' → '폴더'를 클릭하면 바탕화면에 노란색 폴더가 나타난다.

폴더 만들기

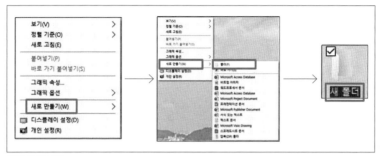

출처: 저자 제공

　먼저 이 폴더의 이름을 바꾸려면 폴더에 마우스를 두고 '이름 바꾸기'를 클릭해서 내가 정리할 성격의 문서 이름을 넣는다.

폴더의 이름 바꾸기

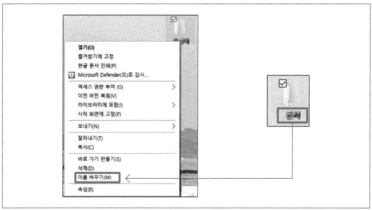

출처: 저자 제공

폴더 이름을 문서라고 기록하고, 바탕화면에 있는 문서를 폴더 안으로 넣어주기만 하면 되는데, 이때 문서 성격대로 하나씩 클릭해서 잘라내기 후 문서 폴더 안에서 붙여넣기를 해주면 된다(하나씩 문서를 클릭할 때는 Ctrl을 누른 상태로 여러 파일을 선택하고+잘라내기, 연결된 문서는 Shift+첫 번째 자료+마지막 자료 마우스 클릭으로 잘라내기를 한 후 폴더 안으로 이동시킨다).

03 빠른 단축키 활용

컴퓨터를 사용할 때 단축키를 이용해보면 작업의 효율을 높일 수 있다. 우리는 컴퓨터에서 프로그램 사용 시 대부분 마우스 클릭으로 실행하지만 일일이 원하는 프로그램을 마우스로 찾아서 실행해야 하므로 시간도 늦어지고 일의 효율성도 떨어진다. 자주 사용하는 아이콘에 단축키를 설정해두고 사용하면 되는데, 저자의 경우는 뒤에 설명할 오픈캡처나 포토스케이프 같은 보조 프로그램을 단축키를 설정해두고 사용하고 있다. 여기서는 '오픈캡처' 프로그램에 단축키를 설정하는 방법을 알아보자.

먼저 바탕화면에 있는 오픈캡처 아이콘에 마우스를 두고 오른쪽을 클릭하면 아래쪽에 속성이 보이고 이를 클릭하면 중앙에 바로가기 키가 보인다. '없음'으로 되어 있는 칸에 마우스를 두고 저자는 'o'를 단축키로 설정해보았다.

이제부터는 컴퓨터 전원을 켜고 Ctrl+Alt+o를 클릭하면 바로 오픈캡처 화면이 열린다. 그냥 컴퓨터 화면 아래쪽 작업줄에 고정하면 되지 않느냐는 질문도 받는데, 블로그를 하든지 컴퓨터 작업을 많이 하다 보면 모든 프로그램을 작업줄에 고정할 수 없는 경우도 있으므로 단축키를 설정해두고 사용하는 습관도 꽤 업무 능률을 올릴 수 있을 것이다. 특히 캡처 프로그램은 신문 기사나 국토부 정책 발표 등 자료를 첨부할 때 많이 이용하는 프로그램이고, 이렇게 보조 프로그램을 단축키로 설정해두면 빠르고, 쉽게 사용할 수 있다.

단축키 설정 방법

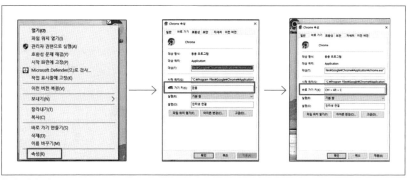

출처: 저자 제공

04 파일 또는 이미지를 PC에서 스마트폰으로 보내는 방법

PC에서 사용하던 파일이나 이미지를 옮기는 일은 블로그를 할 때 필요한데, 예전에는 PC에서 만든 초대장이나 파일을 옮기는 일을 메일쓰기에서 나에게 쓴 메일을 활용해서 다운받아 사용하기도 하고 구글이나 네이버 클라우드를 이용해서 사용하기도 했다.

그런데 요즘은 카카오톡이 워낙 우리 일상에 없어서는 안 될 앱인지라 카카오톡을 PC에 설치해두고 카카오톡 나에게로 보내기를 하고 스마트폰에서 카카오톡 창을 열어 다운받아 사용하는 것이 가장 간단하게 PC에서 스마트폰으로 이미지나 파일을 옮기는 방법이다.

하지만 이 책에서는 '센드애니웨어(Send Anywhere)'를 통해서 파일 올리기를 알아보자. 센드애니웨어는 쉽고 빠르게 무제한으로 파일을 전송하는 서비스로 모바일, PC 어떤 플랫폼에서도 간편하게 파일을 전송할 수 있다. 일반적인 클라우드 서비스와는 다르게 가장 빠르고 효율적인 네트워크를 찾아 파일의 종류나 개수, 용량 제한 없이 그리고 여러 명에게 파일로 전송할 수 있어 편리하다. 센드애니웨어의 사용 방법은 다음과 같다. 그전에 먼저 네이버 검색창에서 '센드애니웨어'를 검색한다.

센드애니웨어 검색하기

회원가입을 하고, 간단하게 보내기 '+' 버튼에 파일을 올리고 내 스마트폰 '센드애니웨어' 앱에서 받기 숫자를 입력하면 된다.

센드애니웨어 사용법

내 컴퓨터에 있는 재개발 특약 파일을 스마트폰으로 보낼 예정으로 PC에서 보내기를 클릭하면 파일을 추가하라는 창이 뜬다. 이때 '+' 버튼을 클릭해서 원하는 파일을 삽입하고 보내기 버튼을 클릭한다. 스마트폰 플레이스토어에서 센드애니웨어 (Send Anywhere) 앱을 다운받아 PC에서 보내준 파일을 받기

→ 번호나 큐알코드 입력 → 아래쪽의 받기를 클릭하면 내 스마트폰에서 파일을 볼 수 있다.

스마트폰에서 센드애니웨어의 사용법

출처 : 센드애니웨어 앱

센드애니웨어에서 전송 방법

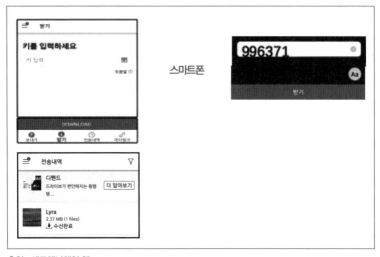

출처 : 센드애니웨어 앱

공인중개사의 중개업 마케팅에 관한 모든 것

센드애니웨어는 인터넷 기반의 서비스로, 파일을 전송하기 위해 반드시 인터넷 연결이 필요하고, 원본 파일을 대용량으로 주고받을 수 있어 압축하거나 포맷을 변환할 필요가 없다. 6자리 숫자키 전송은 무제한으로 사용할 수 있고, 링크 공유는 최대 10GB(무료 회원)/최대 20GB(Life 회원)/최대 30GB(Standard 회원)가 가능하고, 기기로 바로 전송은 최대 10GB가 가능하다. 회원가입을 하지 않아도 다양한 플랫폼에서 무료로 사용이 가능하며, PC, 모바일 등 다양한 플랫폼에서 무료로 사용할 수 있다. 특히 링크로 여러 사람에서 같은 파일을 한 번에 공유할 수 있다.

05 구글 크롬에서 자주 사용하는 단축키 모음

컴퓨터에서 자주 사용하는 프로그램 중 브라우저에서 자주 사용하는 프로그램 필수 단축키를 외우고 사용하면 작업 속도를 올려준다. 뿐만 아니라 일일이 마우스를 사용하는 것보다 편리하고 문서 등을 작업할 때도 좀 더 빠르게, 작업 시간을 효율적으로 사용할 수 있다.

크롬에서 자주 사용하는 필수 단축키	
F6	검색 주소창 이동하기
F5	새로 고침
Ctrl + F	페이지 검색
Ctrl + W	새 탭이라 창을 닫고 싶을 때
Ctrl + N	새 창 열기
Ctrl + T	새 탭 열기
Ctrl + Tab	창의 다음 탭으로 이동
Ctrl + 플러스, 마이너스	창을 확대, 축소
WIN + D	바탕화면으로 나가기
WIN + Home	사용 중인 창만 남기고 최소화
WIN + F	찾기
WIN + E	탐색기 열기
WIN + Pause Break	컴퓨터 기본 정보 보기
Alt + Tab	열려 있는 이전 창으로 이동
Alt + 방향키	이전 페이지, 다음 페이지 이동
Alt + F4	창 전환

공인중개사의 중개업 마케팅에 관한 모든 것

제3장

중개 실무에 필요한 프로그램 설치

01 네이버 마이박스 설치 및 활용

네이버 마이박스는 네이버에서 2009년 7월에 'N드라이브'라는 이름으로 운영하기 시작한 웹하드 서비스로 아이디당 30GB의 용량을 무료로 제공하며, 30GB를 초과하면 요금이 발생한다.

네이버 클라우드의 자동올리기 서비스는 스마트폰에서 찍은 사진을 네이버 클라우드 탐색기를 통해 PC나 태블릿으로 공유할 수 있어 편리하며, 저장 공간도 넉넉해서 매물 사진을 찍고 폴더별로 나누어서 보관할 수 있는 매우 유용한 기능이다.

PC 설정

네이버 마이박스를 이용하려면, 먼저 네이버 홈 화면에서 네이버 마이박스 홈페이지로 들어간다.

네이버 마이박스 화면

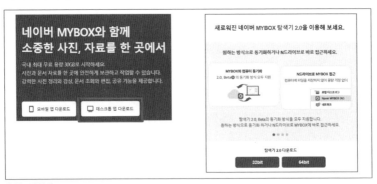

출처 : 네이버

| 실전 Tip | 내 컴퓨터 Windows가 32비트인지 64비트인지 알아보는 방법

내 컴퓨터의 시스템 정보 확인 화면

정보

PC가 모니터링되고 보호됩니다.

자세한 내용은 Windows 보안을 참조하세요.

장치 사양

장치 이름	DESKTOP-SL5R6QU
프로세서	Intel(R) Core(TM) i3-2120T CPU @ 2.60GHz 2.60 GHz
설치된 RAM	6.00GB
장치 ID	60D76628-5DC0-4E3D-94D0-A48332D20499
제품 ID	00326-10000-00000-AA585
시스템 종류	64비트 운영 체제, x64 기반 프로세서
펜 및 터치	2개의 터치 포인트를 사용할 수 있는 터치 지원

출처 : 저자 제공

윈도우 검색창을 이용해서 '시스템 정보'를 입력하고 선택하면 다음 그림과 같이 시스템 종류 64비트 운영체제 x64기반 프로세서로 보여진다.

각자의 시스템 운영체계에 따라 32비트나 64비트를 클릭한 후 명령어대로 따라 하다 보면 바탕화면에 네이버 마이박스 아이콘이 설정된다.

네이버 마이박스 설치 및 동기화

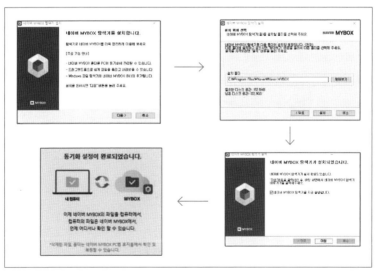

출처 : 네이버 마이박스

PC에서 동기화 폴더 위치를 설정하면 선택한 폴더 아래에 동기화 대표 폴더(MYBOX)가 만들어진다.

스마트폰 설정

구글 플레이스토어에서 '네이버 마이박스'를 검색 후 설치한다. 네이버 마이박스를 설치하고 자동올리기 버튼을 활성화시키면 스마트폰에서 찍은 사진이 자동올리기 폴더에 업로드되고 PC에 설치된 네이버 마이박스에도 자동업로드된다. '지금부터 촬영하는 사진'을 시작으로 업로드할 것인지 클릭하기 전에 한번 고민해보기 바란다. 이전에 찍은 사진들이 많은 경우에는 시간 여유가 있을 때 폴더 정리를 하면서 예전 사진을 한꺼번에 정리하자. 자동올리기 대상이 사진과 동영상으로 설정된 것이 보인다.

네이버 마이박스 설치 및 설정

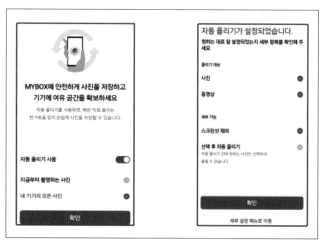

출처 : 네이버 마이박스 앱

공인중개사의 중개업 마케팅에 관한 모든 것

앞과 같이 설정 후 확인을 클릭해서 사용하면 이제부터 스마트폰에서 찍는 사진을 PC 네이버 마이박스에서도 볼 수 있다(이때 네이버에서 사용하는 동일 아이디로 사용해야 한다).

02 사용하기 편한 캡처 프로그램 - 오픈캡처 사용법

통상적으로 PC 캡처 프로그램, 알 캡처 프로그램 등을 많이 사용한다. PC 캡처 프로그램은 화면에 있는 내용을 캡처하려면 단축키 Window(로고키)+Shift+S를 누르고 캡처하면 되므로 가장 간단하게 단축키만 외우고 있으면 프로그램을 실행시킬 필요도 없이 바로 캡처할 수 있는 장점이 있다.

여기서는 다양한 화면 편집 방식과 20가지 이상의 이미지 포맷의 확장자를 지원해 자유로운 편집과 다양한 편집까지 적용할 수 있는 프로그램인 '오픈캡처'의 사용법에 대해 설명하고자 한다. 오픈캡처는 각 캡처 방식을 단축키로 지정해 쉽게 사용할 수 있고, 캡처한 이미지들을 간편하게 다양한 편집 도구를 이용해 편집할 수 있으며, 남들에게 보여주기 싫은 부분은 모자이크

기능 등 효과를 넣을 수 있다. 또한 한 화면에 모두 표시되지 않는 스크롤이 있는 화면을 모두 캡처하거나 사용자가 직접 지정 가능한 캡처 기능 등을 제공한다. 캡처할 때마다 새로운 탭이 추가되어 바로 화면에 표시되고, 클립보드에 자동으로 저장되거나 파일을 원하는 위치에 자동 저장할 수 있도록 설정 가능하다.

화면 캡처 기능 및 단축키

① **영역 지정(Shift + Ctrl + R)** : 캡처할 영역을 사용자가 직접 지정한다.

② **윈도우(Shift + Ctrl + W)** : 윈도우 창 단위로 사용자가 선택할수 있다.

③ **윈도우 스크롤(Shift + Ctrl + C)** : 각종 브라우저 및 MS오피스 제품들의 스크롤이 있는 화면을 모두 쉽게 캡처한다.

④ **오브젝트(Shift + Ctrl + Z)** : 윈도우 캡처와는 다르게 좀 더 세세한 선택이 가능하게 도와준다.

⑤ **전체 화면(Shift + Ctrl + S)** : 화면 전체를 캡처한다.

⑥ **활성화 윈도우(Shift + Ctrl + R)** : 활성화되어 있는 프로그램 화면을 캡처한다.

⑦ **활성화 윈도우의 작업영역(Shift + Ctrl + T)** : 활성화되어 있는 프로그램의 화면 중에서 프레임이 제거된 부분의 영역만 캡처한다.

⑧ **고정된 사각형 영역 안을 캡처(Shift + Ctrl + F)** : 환경설정에서 지정한 고정 크기 사이즈에 맞춰 캡처할 영역을 선택한다.

⑨ **윈도우 아이콘(Shift + Ctrl + I)** : 프로그램 영역을 선택할 수 있으며, 선택하면 자동으로 아이콘을 추출한다.

⑩ **컬러 캡처(Shift + Ctrl + O)** : 컬러픽커라고 불리우는 화면에서 원하는 색상을 마우스 위치에서 추출할 수 있다.

⑪ **윈도우 크기 지정(Shift + Ctrl + E)** : 사용자가 지정하면, 선택한 윈도우의 사이즈를 수정한 후에 캡처할 수 있는 기능이다.

⑫ **메뉴(Shift + Ctrl + M)** : 프로그램의 메뉴나 마우스 우클릭으로 나타난 쉘 익스텐션 메뉴들이 나타난 상태에서 메뉴 캡처 단축키를 누르면 정확하게 해당 영역만 추출해준다.

⑬ **마지막 캡처 영역(Shift + Ctrl + L)** : 바로 직전에 사용한 캡처 영역을 다시 캡처해주는 기능이다.

⑭ **마우스 커서 캡처**: 현 상태의 마우스 커서를 캡처해준다.

오픈캡처 설치하기

구글 검색창에서 '오픈캡처'를 검색한다. K·BENCH 홈페이지에서 프로그램을 다운받는다.

오픈캡처 설치

출처 : 저자 제공

오픈캡처 설치 방법

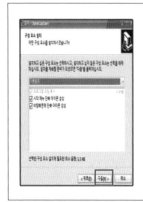

출처 : 저자 제공

컴퓨터 화면에 오픈캡처 아이콘이 설치되면 환경설정에서 캡처에 대한 옵션이나 이미지 저장 설정 조절 및 단축키 지정이 가능하다.

· **캡처 시 마우스 커서 포함** : 캡처 화면에 마우스가 같이 포함되어서 찍히게 하고 싶으면 체크한다.

· **캡처 후 클립보드 자동 저장** : 캡처하는 동시에 클립보드에 저장이 돼서 바로 붙여넣기가 가능하도록 하는 옵션이다.

· **캡처 시 프로그램 숨김&캡처 후 프로그램 활성화 하지 않음** : 작업줄에만 최소화되어 있고, 활성화가 되지 않게 할 수 있다.

· **고정된 사각형 영역 크기** : 고정된 사각형 영역 안을 캡처할 때의 창의 크기다.

· **에디터 배경** : 기본 그리드인 체크무늬가 눈이 아프다고 생각이 되는 사람들은 단색 적용을 체크하고 원하는 색상으로 해두면 된다.

다음과 같이 오픈캡처의 환경설정 내에서 원하는대로 체크를
해두고 사용하면 된다.

오픈캡처 환경 설정

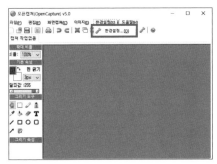

출처 : 오픈캡처

03 재미있는 사진 편집 프로그램
– 포토스케이프

포토스케이프는 다양한 기능으로 이미지를 편집하고 변환시
킬 수 있는 프로그램으로 네이버 검색창에서 검색 후 다운받으
면 된다. 사진을 쉽게 향상, 보정, 편집하는 기능으로 집, 회사,

학교, 학원에서 모두 무료로 사용할 수 있다. 포토스케이프는 윈도우 NT, 2000, XP, Vista.7, 8, 10에서 동작하고, 윈도우즈 98, Me사용자는 포토스케이프 3.4 버전을 사용한다. 윈도우 10, 애플 맥(Mac) 사용자는 포토스케이프 X를 사용하면 된다.

포토스케이프 검색

출처 : 저자 제공

포토스케이프 3.7

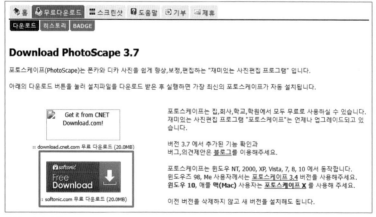

출처 : 저자 제공

공인중개사의 중개업 마케팅에 관한 모든 것

포토스케이프의 기능

· 사진 뷰어는 폴더의 사진을 한눈에 보기, 슬라이드 쇼 보기가 가능하다.

· 사진 편집은 크기·밝기·색상 조절, 역광보정, 액자, 말풍선, 모자이크, 글쓰기, 그리기, 자르기, 필터, 적목 보정, 복제도장 툴을 만들 수 있다.

· 일괄 편집은 여러 장을 한 번에 변환하는 일괄처리 기능을 할 수 있다.

· 페이지는 여러 장을 템플릿 한 장으로 만들기 할 수 있다.

· 이어붙이기는 아래로, 옆으로, 바둑판으로 여러 장을 한 장으로 이어 붙이는 기능이다.

· GIF 애니메이션은 움직이는 GIF 사진으로 만들 수 있는 기능이다. 인쇄가 가능해 증명사진, 명함 사진, 여권 사진이나 섬네일 등을 인쇄할 수 있다.

· 사진 분할 기능은 한 장의 사진을 여러 장으로 분할하고, 화면 캡처 기능은 화면을 캡처해서 편집·저장한다.

· 색상 검출은 사진이나 웹상의 화면을 확대해서 색상을 알아내는 기능이다.

· 이름 변환은 사진 이름을 일괄 변환하고, RAW변환은 RAW파일을 JPG파일로 일괄 변환하는 기능이다.

· 종이는 줄 노트, 모눈종이, 오선지, 달력 출력이 가능하다.

· 얼굴검색은 인터넷에서 동일하거나 비슷한 얼굴을 검색하는 기능이다.

포토스케이프 일괄 편집 기능

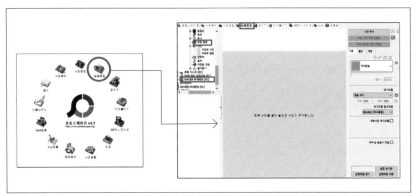

출처 : 저자 제공

　포토스케이프는 다양하게 이미지를 편집할 수 있는 기능이 있지만, 저자의 경우 Gif 애니메이션과 일괄 편집을 많이 활용하는 편이다. Gif 애니메이션은 뒤에 '미리캔버스'에서 더 알려드리고, 여기서는 일괄 편집으로 이미지에 액자를 만들어 넣고, 이름이나 상호를 넣는 방법을 소개하고자 한다.

일괄 편집 등 사용 방법

　포토스케이프를 열고 일괄 편집을 선택한다. 바탕화면이나 네이버 마이박스에 있는 사진을 선택한다. 이때 네이버 마이박스의 이미지를 사용할 때는 필요한 사진을 바탕화면에 폴더를 만들어서 사용하면 시간이 단축되어 편리하다.

포토스케이프 일괄 편집 방법

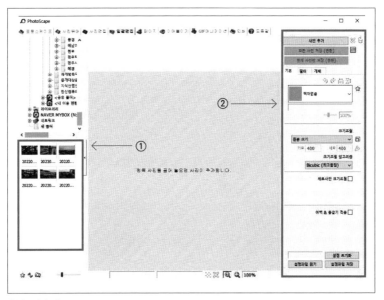

출처 : 저자 제공

화살표 ①은 일괄 편집할 사진을 불러오는 곳으로 내가 편집하고자 하는 이미지 파일이 들어 있는 폴더를 선택하면 앞의 자료와 같이 이미지들이 나열되고, 이 이미지들을 전체 선택을 해서 오른쪽으로 드래그해서 불러오면 된다(이때 전체 선택은 첫 번째 이미지를 클릭하고 Shift키를 누른 상태에서 마지막 이미지를 선택하면 이미지 전체가 선택이 된다).

이미지 전체가 중앙으로 들어오면 화살표 ②에서 이미지 꾸미기를 하는데 기본에서는 이미지에 다양한 액자들을 넣을 수 있으며, 선명하게, 역광 보정, 밝게 등의 필터 기능을 선택해서 사용할 수 있고, 개체 이미지에 그림이나 글을 넣는 역할을 한다.

· 기본을 클릭했을 때 액자를 고르고 선택할 수 있는 창이 나오면 원하는 액자를 골라 선택 후 아래쪽 액자 크기를 %로 설정할 수 있도록 해두었다. 이때는 실매물 이미지는 200%로 하고 다운받은 이미지나 캡처한 이미지는 100% 이하로 설정해야 적당한 크기로 나온다.

포토스케이프의 액자 적용

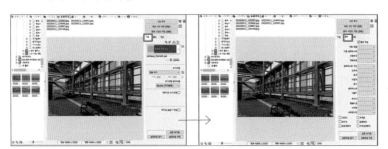

출처 : 저자 제공

· 필터 적용 창이 나오는데 요즘은 스마트폰 카메라 기능이 좋기 때문에 특별하게 잘못 찍은 사진이 아닌 경우 특별히 사용하지 않아도 되지만 캡처한 사진이나 다운로드한 사진이 흐릴 경우는 '선명하게' 필터를 적용해서 사용해도 된다.

포토스케이프의 워터마크

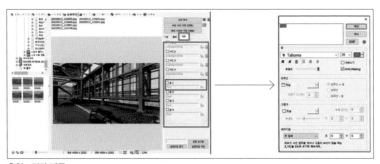

출처 : 저자 제공

공인중개사의 중개업 마케팅에 관한 모든 것

• 개체 : 이미지에 글을 넣을 때 개체를 이용하는데, 개체를 클릭하면 사진(워터마크) 1~4까지, 그리고 글 1~4까지가 뜬다. 그림은 이미지로 만든 서명 파일(워터마크)을 삽입하면 되고, 글 1을 사용할 경우는 노란색 연필 모양을 클릭하면 화면 왼쪽에 오른쪽 자료와 같은 창이 뜬다. 이 창에서는 내가 이미지에 적고자 하는 글씨의 크기, 글씨체, 글씨의 색, 글의 위치 등을 정할 수 있다. 이때 부동산 매물의 경우는 중개업소 명칭과 전화번호를 함께 넣고, 위치는 이미지의 중심에 넣어야 섬네일로 보일 때 내 상호가 나오므로 홍보에 효과적이며, 이렇게 한꺼번에 액자도 넣고 글이나 그림을 이미지에 넣었으면 이제 저장할 차례다. 저장은 오른쪽 상단 모든 사진 저장을 클릭하면 되는데, 포토스케이프에서 만들어진 이미지들은 항상 원본 이미지가 있었던 폴더 안에 'output 폴더'라는 이름으로 저장된다. 저자의 경우는 바탕화면에 새 폴더 안에 있는 이미지를 포토스케이프를 이용해서 액자도 만들고 서명도 했기 때문에 저장 위치는 바탕화면 새 폴더 안에 'output 폴더'가 만들어지고, 그 안에 새로 만든 이미지가 들어가 있는 것을 확인할 수 있다.

포토스케이프 이미지 변환 저장

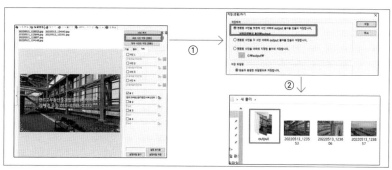

출처 : 저자 제공

04 디자인 플랫폼 미리캔버스 활용

이번 개정판에서는 저자는 블로그나 유튜브 섬네일 만들기에 편리하고, 더불어 카드뉴스 만들기에 동영상도 가능한 미리캔버스의 기본 틀을 응용, 활용할 수 있는 방법들을 설명하고자 한다.

기본 틀 익히기

구글이나 네이버 검색창에서 '미리캔버스'를 검색한다. 미리캔버스 홈페이지에서 5초 회원 가입을 선택 후 네이버나 카카오톡, 이메일 등을 이용해서 간편하게 회원 가입을 한다. 여기서는 통상 우리가 가장 많이 사용하는 네이버 아이디와 비밀번호로 가입해본다.

네이버 아이디와 비밀번호를 입력해서 로그인을 하면 미리캔버스 약관에 동의하는 창이 뜨고, '전체 동의'를 체크 후 아래쪽 초록색 버튼 '동의하기'를 클릭하면 바로 회원 가입이 되면서 로그인을 유지할 것인지 유지하지 않을 것인지를 물어는데, 내 컴퓨터라면 로그인 유지하기를 클릭해두면 다음에 사용 시 별도의 로그인 절차 없이 사용할 수 있다.

미리캔버스 회원 가입 절차

출처 : 미리캔버스 홈페이지

미리캔버스 로그인 유지하기

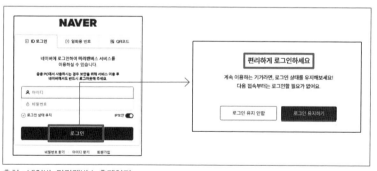

출처 : 네이버, 미리캔버스 홈페이지

• 미리캔버스 화면을 잘 익혀두면 파워포인트, 블로그 섬네일, 유튜브 채널아트, 워터마크까지 편리하게 사용할 수 있다.

미리캔버스 홈페이지 검색

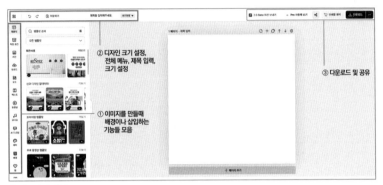

출처 : 저자 제공

템플릿 : 기본을 만들 템플릿을 제공해주는 버튼

미리캔버스 템플릿 검색

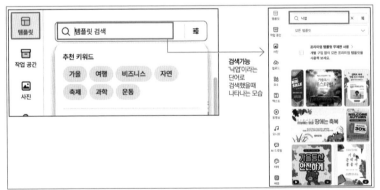

출처 : 저자 제공

작업 공간 : 내가 만든 디자인 공간, 내가 직접 업로드한 이미지 공간(드라이브), 찜한 디자인 등 내가 만든 공간이다.

미리캔버스 작업 공간

출처 : 저자 제공

사진 : 미리캔버스에서 제공해주는 사진이 있는 공간이다.

미리캔버스 사진

출처 : 저자 제공

업로드 : 내가 찍은 사진이나 이미지를 미리캔버스에 업로드해
두는 공간으로 내가 직접 찍은 사진들도 미리캔버스
에서 사용할 수 있도록 했다. PC 바탕화면에 있는 사
진이나 네이버 마이박스에 있는 사진을 가져와 미리
캔버스에서 사용할 수 있다.

미리캔버스 내 사진 업로드

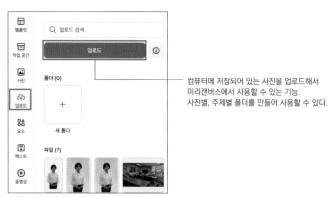

출처 : 저자 제공

요소 : 갖가지 이모티콘이나 이미지를 사용할 수 있는 공간이다.

미리캔버스 요소

출처 : 저자 제공

공인중개사의 중개업 마케팅에 관한 모든 것

텍스트 : 텍스트를 입력할 수 있도록 다양한 글씨체가 있다.

미리캔버스 텍스트

출처 : 저자 제공

이 외에도 다음과 같은 기능이 있다.

동영상 : 미리캔버스로 동영상을 만들 수 있도록 영상을 제공하고 있는 공간이다.

오디오 : 저작권 걱정없는 배경음악을 사용할 수 있도록 준비된 공간이다.

AI드로잉 : 원하는 이미지를 AI로 만들어낼 수 있는 공간으로 유료이다.

테마 : 여러 가지 테마 색상을 사용할 수 있도록 제공된 공간이다.

배경 : 포스팅의 배경을 만들 수 있게 색이나 이미지로 표현할
수 있도록 제공되는 공간이다.

미리캔버스 배경

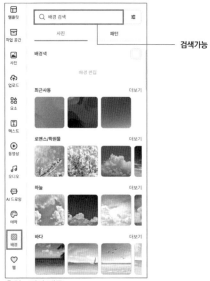

출처 : 저자 제공

지금까지 미리캔버스에서 가장 많이 사용하는 공간을 위주로
살펴보며, 세부 설명을 해보았다.

다음 이미지에서 볼 수 있듯 상단 왼쪽의 사각형 모양은 전체
메뉴가 보여지는 공간으로 새 디자인 만들기, 복사본 만들기, 자
동 저장 기능 설정, 고급 기능으로 안내선 설정, 환경설정 등 미리
캔버스 내 전체 사용 메뉴를 보여주는 곳이다.

미리캔버스 전체 메뉴

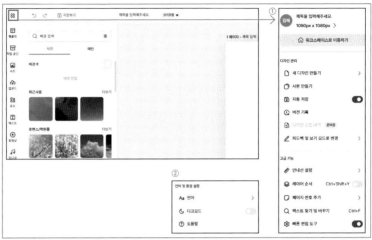

출처 : 저자 제공

미리캔버스 새 디자인 만들기

출처 : 저자 제공

미리캔버스 왼쪽 상단 사각형 모양을 클릭해서 전체 메뉴 중 새 디자인 만들기를 클릭해서 만들고자 하는 이미지의 크기를 직접 입력해 사용할 수 있다.

제목 입력하기 공간은 내가 만든 디자인의 제목을 입력하는 곳으로 가급적 섬네일을 만들 때는 네이버 블로그는 이미지 검색도 가능하므로 제목을 입력하는 습관을 기르도록 하자.

다음과 같이 미리캔버스 홈페이지 오른쪽 상단은 저장, 다운로드, 인쇄물 제작, 공유를 하는 곳이다. '공유'는 디자인 문서를 웹으로 공유할 수 있는 공간으로 다른 사용자에게 링크로 공

미리캔버스 오른쪽 상단 메뉴 및 다운로드

출처 : 저자 제공

유할 수 있다.

'저장'은 내 디자인 홈에 저장하고자 한다면 클릭하면 된다. 다운로드는 웹용, 인쇄용, 동영상으로 다운받을 수 있으며 우리가 통상 많이 사용하는 것은 웹용으로 빠른 다운로드나 고해상도 다운로드를 사용하면 내 PC에 저장해 사용하면 된다. 인쇄용의 경우는 링크로 다운받을수 있고, 이미지 저장이 따로 되지는 않으며, 웹용에서도 JPG파일이나 PNG파일로 다운받고, PDF파일이나 PPT파일은 이미지로 받을 수 없다.

이렇게 미리캔버스 홈 화면의 기능들을 상세하게 알아봤으니 이제 간단하게 카드뉴스를 만들어보자.

카드뉴스 만들기

출처 : 저자 제공

왕관모양이 있는 이미지는 프리미엄회원이 무제한으로 사용할 수 있다.

카드뉴스 만들기

미리캔버스 홈 화면 상단 템플릿 검색으로 '카드뉴스'를 입력해본다.

미리캔버스 프리미엄 회원의 혜택은 프리미엄 템플릿, 조합 요소를 제한없이 무료로 사용할 수 있다. 배경 지우기, 찜 기능 등 작업에 유리한 기능을 제한 없이 사용할 수 있다. 브랜드 키트에 로고, 색상, 글꼴을 저장하거나 글꼴을 업로드해 팀원과 함께 사용할 수 있다. 연간 회원은 160,800원, 월간 구독은 14,900원으로 1,340만 개 이상의 프리미엄 콘텐츠와 다양한 유료 기능을 자유롭게 사용할 수 있다. 여기서는 무료로 활용할 수 있는 템플릿이나 요소, 글씨체 등을 사용해서 카드뉴스를 만들어보자.

템플릿에서 카드뉴스를 선택하면 여러 종류의 카드 뉴스가 보이는데 여기서 만들 주제와 유사한 포스트를 선택해서 이 템플릿으로 덮어쓰기를 선택하면 카드 수대로 아래쪽으로 삽입이 되면 수정해서 사용하면 된다.

미리캔버스 템플릿에서 카드 이미지 찾기

출처 : 저자 제공

수정하는 구체적인 방법은 다음과 같이 한 개의 카드뉴스를 수정해보면서 설명해보기로 한다.

미리캔버스의 그룹 해제, 링크, 삭제 기능

출처 : 저자 제공

　먼저 글자부터 수정해보면 '지역상권법의 진실'을 클릭해보면 이 글과 바탕에 있는 이미지가 그룹화되어 있음을 알 수 있다. 그룹으로 묶여 있어 불편하면 그룹 해제 버튼을 클릭해서 이미지와 글자를 별개로 사용한다. 원하는 내용을 입력하고, 이미지도 요소나 내 파일에서 교체한다.

미리캔버스의 이미지 기능

출처 : 저자 제공

이미지를 삽입할 때 나타나는 복사하기, 삭제 버튼은 알아두면 미리캔버스를 좀 더 빨리 응용하는 데 편리할 것이다.

미리캔버스 템플릿으로 만든 카드뉴스

출처 : 저자 제공

내용에 맞는 이미지와 글자를 교체해서 사용하면, 디자이너들이 만든 카드 뉴스에 내 색깔만 입혀 사용하는 것이라 엄청 편리하다. 카드 뉴스는 여러 장이 함께 다운로드되므로 여러 장을 한꺼번에 받으면 압축해서 다운로드함에 저장되므로 한 장씩 사용하면 된다.

공인중개사의 중개업 마케팅에 관한 모든 것

미리캔버스에서 한 장 이미지로 합쳐서 다운받기

출처 : 저자 제공

이와 같이 미리캔버스 템플릿을 이용해 카드뉴스를 만들면 파워포인트에서 만들 때보다 더 쉽고, 간단하게 만들 수 있으면서도 고급스러운 느낌도 얻을 수 있는 장점이 있다.

움직이는 섬네일 만들기

섬네일이란 유튜브나 블로그 등 콘텐츠나 제품을 미리 나타내 보여주는 작은 이미지를 말한다. 보통 제목은 문자로 설명되어 있지만 섬네일은 내용을 쉽게 알아볼 수 있도록 도와주므로 SNS에서는 중요한 역할을 한다. 섬네일 내용은 사람들의 많은 클릭을 유도할 수 있게 제작하기 위해 상당히 신경을 써야 하는 부분이다. 움직이는 섬네일을 만들어 고객들의 관심을 집중시키고 더 많이 클릭할 수 있도록 해보자.

　미리캔버스에서 한 사이즈에 같은 내용으로 색깔만 교체하는 방식으로 3~5개를 만들어보자.

미리캔버스를 이용해 섬네일 만들기

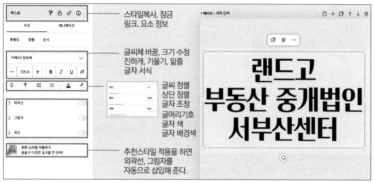

출처 : 저자 제공

　사이즈 1080×1080으로 크기를 설정하고 제목 텍스트를 넣은 후, 내용을 입력하고 글씨체도 바꾸고, 크기, 색깔, 좀 더 진하게 내용을 도출시킬 수 있도록 외곽선이나 그림자도 넣고, 자간이나 행간도 정리해본다.

미리캔버스에서 글씨체 꾸미는 방법

출처 : 저자 제공

이렇게 만들어진 내용에 글씨만 색깔을 바꾸어 포토스케이프에서 Gif 애니메이션에 넣기만 하면 움직이는 섬네일이 만들어진다.

미리캔버스로 움직이는 섬네일 만들기

출처 : 저자 제공

5개의 제목 이미지를 만들어보았다. 5장 정도까지 글씨 색이 움직이는 것도 이쁘게 보이기는 하지만 여기서 조심해야 할 것은 글씨의 위치가 변하면 애니메이션이 비뚤어지게 나온다는 것이다. 그래서 동일한 위치에 단어 쓰기를 해야 하므로 마우스 움직임을 조심해서 만들기를 해본다. 이제 포토스케이프에서 애니메이션에 앞의 섬네일을 넣어보자. 저자는 포토스케이프의 단축키를 Ctrl+Alt+P로 설정해두었기 때문에 컴퓨터에 다른 화면이 열려 있어도 화면을 닫지 않고 단축키만으로 포토스케이프를 열수 있도록 했다.

다음의 이미지대로 애니메이션을 열고 왼쪽에 있는 사진을 끌어다 두면 섬네일이 움직이는 것이 보인다.

포토스케이프의 애니메이션

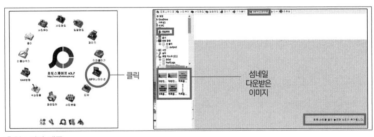

출처 : 저자 제공

표시 시간을 빠르게나 느리게 조절할 수 있고, 전환 효과도 변화를 줄 수 있으니 다양하게 만들어보고 다음 자료 화면에서 우측 상단 두 번째의 저장을 클릭해서 바탕화면이나 다운로드 위치에 저장하면 anigif. gif파일로 저장되는 것을 볼 수 있다.

공인중개사의 중개업 마케팅에 관한 모든 것

포토스케이프에서 애니메이션 설정

출처 : 저자 제공

미리캔버스 스마트폰 활용

미리캔버스를 스마트폰에서 사용하고자 할 때는 앱으로 다운 받아 사용하는 것이 아니고 구글 검색으로 미리캔버스 홈페이지에서 작업할 수 있으므로 스마트폰에서 구글 검색창을 열고 미리캔버스를 검색 후 홈페이지로 들어간다.

스마트폰으로 미리캔버스 활용하기

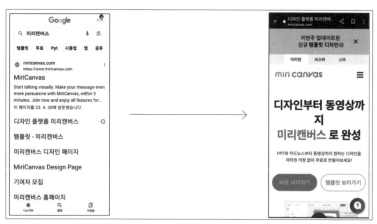

출처 : 구글, 미리캔버스 홈페이지

스마트폰에서 미리캔버스 홈페이지로 들어가면 다음 좌측 자료처럼 오른쪽 상단에 세로로 된 점 3개가 보인다. 그곳을 클릭해 홈 화면에 미리캔버스 아이콘을 추가를 눌러 스마트폰 화면에서 미리캔버스를 사용할 수 있다.

스마트폰에서 미리캔버스 홈페이지 홈 화면 추가

출처 : 미리캔버스 홈페이지

PC에서 보는 미리캔버스 홈페이지는 왼쪽에 사용할 수 있는 기능을 두었지만 스마트폰에서는 하단 '+' 버튼을 누르면 왼쪽에 템플릿부터 아래쪽으로 배경까지 쭉 나열되어 있다.

공인중개사의 중개업 마케팅에 관한 모든 것

스마트폰에서 미리캔버스의 기능

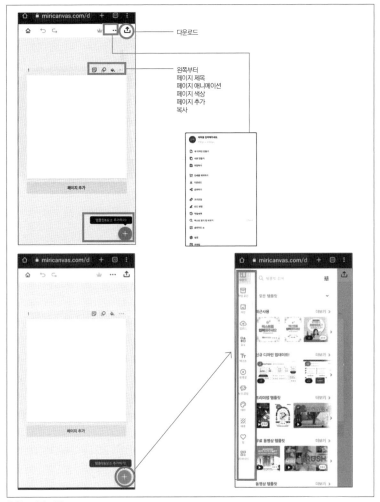

다운로드

왼쪽부터
페이지 제목
페이지 애니메이션
페이지 색상
페이지 추가
복사

출처 : 저자 제공

그 외 이미지나 글씨체 등의 수정을 원할 때는 수정하고자 하
는 곳을 클릭한 후 아래쪽을 보면 수정 사용할 수 있도록 갖가
지 기능들이 나열되어 있는 것을 알 수 있다. 스마트폰은 화면

이 작아서 사용하기에 번거러움도 있지만 자주 사용하다 보면 PC보다 더 빨리 작업할 수 있으므로 스마트폰 미리캔버스도 사용해보길 권한다.

스마트폰에서 미리캔버스에 글자 입력

출처 : 저자 제공

공인중개사의 중개업 마케팅에 관한 모든 것

글그램 앱

 글그램은 사진에 글쓰기를 하는 앱으로 감성 글, 사랑 글, 안부 인사, 응원 글, 섬네일까지 다양한 사진 글귀를 만드는 데 최적화된 앱이다. 기능은 다음과 같다.

· **글쓰기에 어울리는 배경 제공** 글 그램은 여러가지 카테고리와 한글 검색 기능을 이용한 사진 검색이 가능하다.

· **무료 한글 글꼴 지원** 이쁜 손글씨체, 다양한 정자체 등 무료로 배포하는 한글 글꼴을 아무런 제약 없이 사용할 수 있다.

· **자유로운 서명 기능 제공** 글쓰기 후에 저작자를 나타내주는 서명 기능을 작성자의 서명으로 삽입할 수 있다.

· **다양한 스타일의 날짜 입력 기능 제공** 내 글귀 사진에 날짜를 다양한 스타일로 삽입할 수 있다. 크기, 폰트, 색상 모두 자유롭게 선택해 나만의 날짜 스타일을 삽입할 수 있다.

이 외에도 글 그램에서 제공하는 모든 기능은 무료이기에 섬네일 외에도 다양하게 사용할 수 있다. 구체적인 사용법은 먼저, 스마트폰 플레이스토어에서 '글그램'을 다운받는다. 앱을 열면 아름다운 배경에 글쓰기, 컬러 배경에 글쓰기, 내 사진에 글쓰기, 그리고 내가 만든 글그램이 아래쪽에 보이고, 여기서 원하는 배경을 선택해서 만들어도 되고 내가 만든 글그램을 수정해서 사용할 수도 있다.

글그램 사용법

아름다운 배경에 글쓰기 컬러 배경에 글쓰기 내사진에 글쓰기 내 글그램

출처 : 글그램 앱

3가지의 배경 중 선택해서 글쓰기 기능을 알아보고 저자는 아름다운 배경에서 축하 글을 만들어본다.

글그램에 글씨 입력

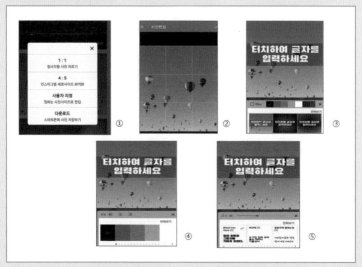

출처 : 글그램 앱

① 아름다운 배경에 글쓰기를 클릭하면 먼저 사이즈를 정하라는 팝업 창이 뜨는데, 1 : 1 정사각형이든, 세로 사이즈든 원하는 크기를 정해서 클릭한다.

② 저자는 아름다운 배경 중 하늘을 선택하고 그중 다음과 같은 이미지를 선택했다.

③ 글쓰기 스타일 : 갖가지 30여 종의 스타일로 꾸밀 수 있도록 디자인을 만들어 두고 배경 색깔은 교체할 수 있도록 했다.

④ 글씨 색 : 밝은색부터 어두운색까지 교체할 수 있고, 글씨 정렬도 할 수 있다.

⑤ 글씨체 : 글씨체를 선택해서 교체할 수 있고 크기 또한 이곳에서 선택할 수 있다. 글씨체를 바꾸거나 글씨 색을 바꿀 때, 그리고 스타일을 바꿀 때는 상단 체크 모양을 클릭해야 다음으로 넘어가는 것을 볼 수 있다.

글그램에서 저장하기

출처 : 글그램 앱

마지막으로 상단에 있는 저장을 클릭하면 완성된 글그램이 나온다. 이를 저장해서 사용하든지 공유하기 버튼을 눌러 친구나 가족 등 보내고 싶은 사람에게 보낸다. 중개업을 하다 보면 손님한테 안부를 묻는 일이 생기는데, 이때 이 글그램을 이용해서 이쁘게 만들어 보내면 어떨까? 아니면 매수나 매도 시 준비할 서류를 챙겨오시라는 문자를 보낼 때 그냥 문자나 카톡으로 보내기보다는 글그램 배경 화면을 컬러로 만들고 필요 서류를 적어 보내보면 다른 중개업소와는 조금 차별화할 수 있지 않을까?

| 실전 Tip ② | 중개업에 필요한 스마트폰 앱 소개

부동산 프롭테크란 부동산(Property)+기술(Technology)의 합성어로 빅데이터, 인공지능, VR·AR, 등의 ICT 기술이 부동산 시장과 결합된 새로운 형태의 서비스를 말한다. 부동산 시장은 이러한 ICT 기술을 적용한 프롭테크 기술이 빠르게 도입되며, 부동산 개발, 설계, 건설까지 다양한 분야에서 변화가 일어나고 있다. 2022년 부동산 앱 사용자 수는 부동산 시장 위축과 관련된 기사가 계속됨에도 불구하고 코로나 이전 2019년 대비 꾸준하게 큰 폭으로 상승하고 있으며, 호갱노노, 직방, 네이버 부동산의 사용자 수가 월등히 많음을 보여주고 있다.

2022년 부동산 앱 사용자 수

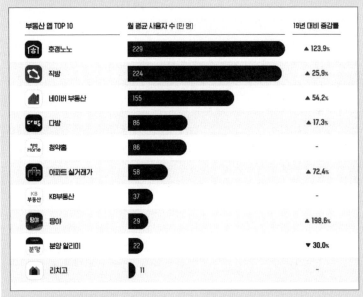

출처 : 와이즈앱, 리테일, 굿즈

부동산 관련 각종 앱

출처 : 저자 제공

주요 부동산 관련 앱의 특징을 정리해보면 다음과 같다.

호갱노노
· 실시간 인기 아파트 및 지역 확인 가능
· 분양 및 재건축 정보 확인 가능
· 관심 부동산 검색 및 정보 확인 가능
· 부동산 조건 검색, 입지 분석하기 가능
· 지도에 부동산 추가 정보 표시 가능
· 검색 필터 사용으로 투자 가능 여부 확인 가능
· 출퇴근 분석이 가능

직방
· 아파트 분양 정보, 분양가, 경쟁률, 당첨 가점 등을 지도 위에서 한눈에 확인
가능
· 창업을 위한 맞춤형 상가를 위한 업종 필터 가능
· 3D 단지 투어 제공
· 직방 빅데이터랩 확인 가능
· 직방 VR 투어 홈서비스 기능 제공
· 실거래가 이지뷰로 타입별, 기간별 실거래 확인 가능
· 거주민의 생생한 실제 리뷰 제공

네이버 부동산

· 아파트, 원룸, 고시원 등의 다양한 매물 확인 가능

· 현장 매물 360VR 지원

· 초등학교 및 통학할 수 있는 구역의 배정 및 단지 지역 확인 가능

· 아파트 주변 마트, 병원 등 확인 가능

· 중복으로 올라오는 매물 방지 기능

· 알림을 통해 좋은 매물 확인 가능

· 전세금 반환보증 서비스 지원 가능 여부 확인 가능

· 그 외 분양정보와 아파트 공시가격 확인 가능

한국부동산원

· 한국부동산원에서 제공하는 부동산 시장 정보를 하나의 앱으로 조회 가능

· 거래에 필요한 매매, 전세 시세 정보, 나에게 맞는 매물, 분양 정보, 아파트 관리비, 거래절차, 세금 계산 등 부동산 정보 원스톱 제공 서비스

· 국민 맞춤형 종합 부동산 서비스 : 약 30종의 정보와 8억 건의 부동산 관련 데이터 탑재

· 부동산 가격 조회 가능 : 아파트, 오피스텔, 매매·전세 시세, 실거래가, 공동 주택 공시가격, 표준지 공시지가, 개별지 공시지가, 오피스텔 기준시가, 상가 기준시가 검색

· 부동산 시장 동향 조회 가능 : 주택 가격 동향, 월세 가격 동향, 아파트 실거래 가격지수, 부동산 거래 현황, 지가 변동률, 상업용 부동산 임대 동향에 대한 검색

· 부동산 거래 정보 조회 가능 : 나에게 맞는 아파트 매물 찾기(매매, 전세), 나에게 맞는 아파트 분양 정보, 아파트 관리비, 부동산 거래 절차 대출상품, 부동산 세금 계산기에 대한 정보 조회 가능

· 즐겨찾기 기능으로 관심 부동산에 대한 정보를 한눈에 파악 가능

· 지도 기반 검색 기능으로 주거용 부동산을 한눈에 파악 가능

아파트 실거래가

· 국토부 아파트 실거래가를 확인하기 좋은 앱

· 전국아파트, 연립, 빌라, 오피스텔의 실거래가 조회 가능

· 3D뷰(입체지도) 기능 제공(그래프, 단지 정보, 로드뷰)

· 아파트 분양 정보, 지도 위 아파트 랭킹 제공(최고가, 단지별)

· 아파트 실거래가 알림 제공

· 살기 좋은 아파트 구경하기(아파트 전경, 조망, 실내인테리어) 제공

· 지역별로 진행 중인 개발 정보를 지도에서 확인 가능

· 실거주가 아닌 투자자들이 언제, 어디를 샀는지 확인 가능

부동산 디스코

· 흩어져 있던 부동산 정보를 한곳에서 확인 가능 : 실거래가, 토지대장, 건축물대장, 등기부등본부터 매물 정보, 경매 정보, 주변 유사 거래까지 한 번에 확인 가능

· 매일매일 새로운 실거래가 정보가 업데이트 : 등기로 확인 가능한 300만 건의 실거래가 정보 제공

· 실시간 실거래 변동 알림 서비스

· 등기일과 동·층·호 정보까지 더 정확한 부동산 정보 확인 가능

· 아파트, 주택, 빌라, 빌딩, 오피스텔, 상가, 공장, 토지 등 모든 종류의 부동산 실거래가와 위치 정보 서비스 제공

· 매물 킵 기능, 메모 기능으로 편리성 추가

부동산 플래닛

· 자체 빅데이터 분석 시스템을 활용해 아파트, 오피스텔, 단독, 다가구, 원룸, 연립·빌라, 상가 등 전국 부동산 모든 유형의 실거래가와 위치 제공

· 매물과 주변 환경까지 확인 가능한 로드뷰 제공

· 랭킹까지 한눈에 보는 부동산 토예 시각화

· 빅데이터·인공지능 AI가 추정하는 매물 가격 제공

· 건물 정보 탐색 기능으로 노후도, 규모별 시각화가 가능

· 거주, 유동 인구 현황, 상권, 학군 정보 등을 탐색 가능

· 초기 재개발·재건축 분석(영역 그리기) 가능

부동산 지인

· 빅데이터 지도를 기반으로 하는 앱

· 가격 변동을 추적하고 변동을 예측하는 곳으로 지역 분석 방법과 아파트 선택의 방법 활용 가능

- 아파트 전문 시세 제공 : 면적별, 연차별 시세를 통해 지역의 아파트 가격을 정확하게 파악 가능
- 아파트 실거래 내역 제공 : 국토부에서 제공하는 실거래 정보를 편리하게 확인 가능
- 인구·전출입 세대 파악 가능 : 지역과 지역의 연관성을 파악할 수 있도록 전출입 자료가 정리되어 있고, 해당 지역과 연관성이 높은 지역이 어디인지 파악 가능
- 아파트 수요와 공급 : 지역에 공급되고 있는 아파트의 숫자와 필요한 수요를 제공하고, 해당 지역이 과잉인지 아닌지 파악 가능
- 아파트 거래량(계약일 기준) : 실제 거래가 이뤄진 날을 기준으로 아파트 거래량을 제공. 제공되는 아파트의 거래량은 정상적인 거래의 숫자만 집계해서 제공하고 거래량 분석을 통해 시장의 활성화 정도 파악 가능
- 경매 : 주변에서 진행되고 있는 경매, 종결된 경매 사건을 살펴볼 수 있고, 경매를 통해 아파트를 적절한 가격에 입찰할 수 있는 정보 제공
- 즐겨찾기 기능을 활용해서 관심 있는 지역과 아파트를 편리하게 확인 가능
- 비교하기 기능을 활용해서 아파트의 반경 2킬로미터 이내에 있는 다른 아파트들과 비교 가능

부동산 계산기
- DTI, LTV, 신 DTI를 제공해 대출 한도를 알려주고, 임대 수익률, 전월세 전환, 중개수수료 계산에 도움을 제공
- 기타 부동산 관련 많은 계산식을 제공함으로써 개업 공인중개사나 고객들이 궁금해하는 수식을 쉽게 계산할 수 있도록 돕고, 부가서비스로는 계산서 저장, 부동산 매물 직거래, 주제별 부동산 뉴스, 정보 공유 게시판, 세무사의 부동산 절세 비법, 부동산 정책, 보도자료, 부동산 금융용어 사전 등을 제공

소상공인마당
- 상권 정보, 지원 알리미 서비스
- 전통 시장을 통합한 앱을 보다 쉽고 편리하게 제공
- 위치정보 서비스를 이용해 살고 있는 또는 알고 싶은 지역과 업종을 선택해서 정보 찾기가 가능

· 지역 기반의 빅데이터 분석을 통해 명확하고 정확한 정보를 제공(상권 분석, 창업과 밀지수, 점포 이력 조회 등 다양한 데이터를 기반으로 소상공인의 안정적인 창업 및 운영을 위해 전국의 상권을 분석, 안내)
· 정책자금, 창업지원, 전통 시장 활성화 등 소상공인과 전통 시장을 위한 전국 지원정책을 지역별로 안내
· 소상공인을 위한 맞춤형 지식을 종합, 뉴스, 조사연구, 법률·법규, 성공사례, 지원사례로 분류해 창업단계별, 업종별, 지역별로 안내
· 지원 알리미 : 앱에서 알림을 설정하면 꼭 필요한 정보를 받아볼 수 있는 서비스

지금까지 저자가 평생교육원에서 수업하는 앱 중심으로 소개해봤는데, 이 모두를 사용하기보다는 자신이 좀 더 쉽게 접근 가능한 앱을 중심으로 몇 가지 정해서 사용해보길 바란다. 또한 부동산 앱들을 용도에 따라 간단히 정리해보면, 갭 투자에는 '호갱노노'와 '아실', 교통 정보는 '리치고(지하철 호재)'와 '아실(교통망)', '호갱노노(출근지 선택으로 지역별 소요 시간 확인)'가 유용하다. 임장을 할 때는 '네이버지도(로드뷰를 통한 연도별 길거리 변화)', '호갱노노(거리뷰, 경사도 확인 가능)', 그리고 '카카오맵(스카이뷰 연도별 변화 검색)'의 기능이 유용하다. 청약 정보가 필요할 때는 '한국부동산 청약홈(청약 신청, 청약 당첨 조회, 청약자 자격 확인, 청약 가점 계산기)', '호갱노노(전국 분양 정보 제공, 알림 받기)', '리치고(청약 정보 제공, 경쟁률, 당첨 최저가점, 평당 가격 조회)', '아실(분양 경쟁 분양 단지 가격비교, 사이버 모델하우스)'을 이용할 수 있고, 대출은 '전국은행연합회' 앱을 보면 가계 대출 금리의 은행별 비교, 금리 구간별 취급 비중 비교가 가능하다.

세금과 관련해서는 '세무통(세금 모의 계산, 가격 비교 견적 서비스)', '부동산 114'에서 부동산 계산과 함께 세무 상담도 가능하다. 정비사업과 관련해서 필요한 앱은 '정보몽땅(정보공개 현황, 사업장 검색, 서울시 정비사업 현황 검색 가능)', '리치고(재개발·재건축 단계, 완료, 완료 속도 제공)', '호갱노노(재건축 관련 단계와 재건축 현황 제공)'가 있다. 토지 관련 증명서 열람은 '일사편리'와 '토지이음' 그리고 '씨:리얼'을 이용할 수 있고, 토지 면적 등의 검색은 '디스코'나 '랜드북'을 이용하면 된다.

마지막으로 건물을 지을 때 도움을 받을 수 있는 앱은 '랜드북(건축 분석, 최적 설계안 시뮬레이션, 사업성 분석)', '닥터빌드(AI 다이렉트 집짓기-3D 미리보기 기능, 사업비, 수지 분석, AI 건축 비교 견적 서비스-건축사, 시공사 추천 서비스)' 등이 있다.

공인중개사의

중개업 마케팅에 관한 모든 것

제**4**장

실전 블로그
만들기

블로그(Blog 또는 Web Log)는 웹(Web)과 로그(Log)를 합친 말로 자신의 관심사나 알리고 싶은 견해나 일상을 기록하는 일기장이라고 할 수 있으며, 이러한 나의 관심사를 여러 사람과 함께 공감하고 소통할 수 있는 공간을 말한다.

블로그의 종류는 설치형 블로그(독립형 블로그), 기업형 블로그(가입형 블로그) 그리고 혼합형 블로그가 있으며, 설치형 블로그는 블로거의 취향에 맞는 레이아웃이나 디자인을 제작해서 나만의 스타일로 만들 수 있는 장점은 있으나 이는 웹에 대한 전문적인 지식을 습득해야 하므로 초보자가 시작하기에는 어렵지만 차별화된 블로그를 원하는 분들은 워드프레스나 윅스 등을 이용해서 만들어보길 바란다.

기업형 블로그는 포털사이트에서 제공하는 블로그로 무료로 기본 틀을 제공해주고 있기 때문에 전문 지식이 없어도 누구나 쉽게 블로그를 할 수 있는 장점이 있다. 검색에 있어 많이 이용하는 네이버 블로그를 많은 사람들이 사용하고 있으며 자연스럽게 이웃과 소통하고 방문자들의 유입으로 운영이 가능해, 초보자가 이용하기에는 매우 쉬워 많이 선호하는 편이지만, 남들과의 차별화가 어렵고 경쟁이 치열해 글을 상위에 노출하기 힘

공인중개사의 중개업 마케팅에 관한 모든 것

든 단점도 있다.

혼합형 블로그는 티스토리나 이글루스에서 제공하는 블로그가 대표적으로, 기업형 블로그처럼 기본적으로 틀은 제공되지만, 그 외에도 내가 원하는 디자인을 구현할 수 있는 장점을 가지고 있다. 다만 초보자가 사용하기 어렵고, 포털사이트에 노출되기 어려운 점도 있다. 여기서는 기업형 블로그인 네이버 블로그를 중심으로 관리 방법, 글쓰기 방법, 그리고 상위 노출을 위한 방법들에 어떤 것이 있는지 알아보기로 한다.

네이버 블로그는 크게 공식블로그와 이달의 블로그, 개인 블로그가 있다. 공식블로그는 기관, 기업, 단체 등 각 분야에서 직접 운영하는 블로그로 분야별로 등록 대상에 포함되는 경우 기준에 따라 직접 운영하는지 여부를 확인해 공식 엠블럼을 표시하고, 공식블로그로 인정받는다.

공식블로그 신청 조건은 다음과 같다.

· 최근 1년 내 전체 공개로 작성된 글이 1건 이상 있어야 한다.
· 동일한 기관·기업·단체에서 운영하는 동일한 대상은 1개의 대표 계정만 공식을 허용한다.
· 블로그의 닉네임은 대상의 공식 명칭을 사용해야 한다.
· 블로그 서비스 운영 정책 및 공식 신청 제한 기준에 위배되지 않아야 한다.
· 프로필 사진 및 블로그 앱 커버 사진을 등록해야 한다.

이달의 블로그는 이용자들의 호응을 얻고 있는 블로그와 블로그 서비스팀이 함께 나누고 싶은 블로그들을 주제별로 다양하게 추천해주는 서비스다. 블로그의 기본 주제 32개 중 매월 3~6개를 중심으로 각 주제별 콘텐츠로 꾸미고 있는 블로그를 최대 20개 추천하고, 매달 말일쯤 새로운 주제별 블로그 목록을 네이버 공식블로그에서 확인할 수 있다. 쉽게 말해 다양한 주제들로 열심히 활동하고 있는 이웃 블로거들을 '이달의 블로그'를 통해 좀 더 빠르고 쉽게 만나볼 수 있도록 하겠다는 취지로 만들어졌다.

01 블로그 콘텐츠 만들기

부동산 중개업은 왜 블로그 마케팅을 해야 할까?

현 시대는 사용자의 관심사도 다양하고 이를 충족시켜줄 다양한 SNS가 등장해 사랑받고 있으며, 온라인 마케팅 또한 각 채널에 맞게 확장되고 있다. 누군가 어떤 SNS 마케팅으로 효과를 봤다는 소식을 듣고 여기저기 SNS를 기웃거리는 분들도 있을 것이다. 하지만 페이스북이 확장 효과, 도달 효과가 좋다고 페이스북 광고만 해야 할까? 아니면 젊은층에 인기가 많다고 인스타그램 광고만 해야 할까? SNS 마케팅은 업종에 따라 공략해야 하는 채널이 다르다. 부동산의 경우 아직까지는 네이버 포털사이트의 네이버 부동산을 많이 이용하고 있는 실정이고, 위치에 따라서 오프라인으로만 승부를 걸 수 있는 중개업소도 있으며, 꼭 SNS 마케팅을 해야만 하는 중개업소도 있을 것이다.

예를 들어 입지적으로 중개업소가 전면에 노출되지 않고 후면에 있거나 분양권의 경우, 그리고 내 전문 분야와 관련된 매물의 위치가 내 중개업소와는 떨어져 있는 경우는 인터넷 마케팅, 즉 온라인으로 알릴 수밖에 없을 것이다. 그럼 부동산 중개업은 어떤 온라인 마케팅을 해야 효과적일까? 수많은 SNS 플랫폼 중에서, 효과적인 매출을 기대할 수 있고 복잡하지도 않으면서 하나의 플랫폼만으로도 충분한 것은 네이버 블로그만한 것이 없다. 네이버는 우리나라에서 가장 검색을 많이 하는 포털로 초보자도 쉽게 운영할 수 있고, 최적화된 블로그는 무료로 광고도 가능하다. 이 외에도 네이버 블로그는 다음과 같은 장점을 가지고 있다.

첫째, 블로그 포스팅을 페이스북, 밴드, 트위터 등 다양한 SNS로 공유할 수 있다.

둘째, 중개업을 하면서 일어난 다양한 일들을 기록할 수 있어 중개일지와 같은 역할을 한다.

셋째, 블로그에 글을 쓰면서 부동산 관련 정보를 공부하고 자신의 생각을 담아 정리·보관할 수 있는 문고의 역할을 한다.

넷째, 고객과 댓글이나 답글을 주고받으며 시간과 장소를 가리지 않고 실시간으로 소통할 수 있으며, 계약서 작성까지도 이끌 수 있는 중요한 역할을 한다.

SNS를 해야겠다면 일단 네이버 블로그를 기본적인 플랫폼으로 두고, 블로그 운영 시 사용한 동영상을 활용해 유튜브 마케팅까지 다룬다면, 광고 비용 없이도 충분한 효과를 볼 수 있을 것이다.

최적화를 위한 블로그 콘텐츠 만들기

블로그를 개설하고 나서, 내 블로그의 콘텐츠를 정하는 것은 무엇보다도 중요하다. 중개업에서 대중의 관심도가 높은 분야는 무엇일까? 그리고 자신의 관심 분야는 무엇으로 결정할 것인가? 이를 적절하게 융합해야 하며, 이 외에도 블로그 최적화를 위한 요령을 몇 가지 알아둬야 한다.

첫째, 내 블로그의 핵심 키워드를 선정하자. 검색이 잘되는 핵심 키워드를 선정한 뒤 카테고리 주제는 최대 5개를 넘지 않는 것이 좋다. 카테고리가 많으면 유지하기 위해 그만큼 많은 시간과 정성을 들여 소재 글을 발굴해야 하므로 힘들 수 있다. 카테고리 수는 자신이 감당할 수 있는 만큼 만드는 것이 좋으며, 카테고리 명은 구독자와 소통의 근본이 되기 때문에 매우 중요한 요소가 된다. 조금씩 비슷한 키워드로 꾸준하게 포스팅을 한다면, 글쓰기 실력도 늘어날 뿐 아니라 블로그의 질도 높아져 있을 것이다.

둘째, 꾸준하게 포스팅을 하는 것이 답이다. 매일 블로그에 포스팅 2~3개씩을 한 달만 꾸준히 올려보자. 초기에는 질보다는 양에 치중해서 부동산, 세금, 지역 등과 관련된 유사한 내용들을 주제로 끊임없이 최신 정보를 업데이트하면 좋다. 이후 내용까지 동시에 가져간다면 상위 노출은 물론 블로그 최적화로 가는 지름길이 될 것이다.

셋째, 이웃과의 소통으로 내 블로그를 키우자. 블로그 운영 초기에는 방문하는 사람이 거의 없다. 이웃을 늘리려면 자신감 있게 글쓰기를 하는 것은 당연하고, 나와 비슷한 주제로 포스팅을 하는 이웃의 블로그를 방문해서 '서로이웃'을 신청해보자. 또한 내 블로그에 찾아오는 이웃들이 남긴 댓글에 답글로 답해주고, 그 이웃의 블로그에 방문해서 댓글을 달아야 한다. 댓글이나 답글은 형식적이어서는 안 되며, 포스팅 내용에 대해 쓰면서 관심을 표현하고 소통해야 한다.

넷째, 상위 노출되는 나와 유사한 블로그를 벤치마킹하자. 내 블로그의 핵심 키워드와 유사한 키워드를 검색해서 상위 노출되고 있는 블로그를 검색해보자. 그 블로그의 핵심 콘텐츠, 운영 방법, 카테고리 구성, 포스팅 방식, 이웃 수 등을 알아보면서 벤치마킹할 수 있는 부분을 체크하는 것도 놓쳐서는 안 된다.

다섯째, 블로그 운영 방향을 뚜렷이 설정하자. 아무런 목표 없이 블로그를 시작하면 시간이 지날수록 운영에 한계를 느끼고 활용성이 떨어지게 되므로, 처음 블로그를 시작할 때 이웃 중개업소에서 하니까 나도 한다는 마음가짐을 가지면 안 된다. 어떤 콘텐츠를 가지고 어떻게 운영할 것인가 미리 목표를 세우는 것이 중요하다. 블로그 운영의 목표는 당연히 소개한 매물이 거래되는 것이겠지만, 단순하게 텍스트만 이용해서 매물을 올린다고 상위 노출이 되지 않는다. 어떤 키워드를 사용할 것인지 확실하게 방향을 정해야 한다. 가령 내가 ○○동에서 영업을 한다면 ○○동 부동산, ○○동 아파트, ○○동 지역 정보 등 중개업소가 있는 지역의 다양한 소식들을 전하는 소식통의 역할을 한다고 생각하고 매주 7일을 기준으로 각각 다른 정보를 공유하면서 꾸준하게 포스팅을 해보자. 나중에는 고객들이 포스팅 업로드를 자연스럽게 기다리게 될 것이다.

02 내 블로그 생성하기

네이버 블로그는 네이버 아이디를 생성하면 만들어지며, 네이버 아이디는 3개까지 만들 수 있으므로 블로그 또한 최대 3개까지 만들 수 있다. 네이버 아이디로 로그인을 하면 다음 자료와 같이 오른쪽 아래에 내 블로그가 생성되어 있다.

네이버 블로그 생성하기

출처 : 네이버

블로그 기본 설정

  내 블로그를 클릭해서 들어가면 네이버에서 기본으로 디자인
되어 있는 블로그가 생성되어 있고, 내 메뉴를 클릭한 후 관리
창에서 가장 먼저 보이는 창이 블로그 기본 설정이다.

블로그 기본 설정

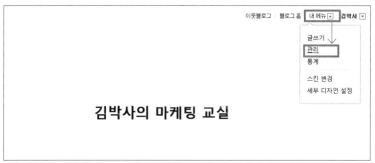

출처 : 저자 제공

먼저 블로그를 오래 하면 블로그의 타이틀이나 닉네임으로 알려지므로 블로그 타이틀을 지어보자. 이때는 내가 하는 중개 전문 분야나 일하고 있는 지역명 등을 키워드로 섞어서 사용하는 것이 효과적이다. 예를 들어 분양권을 전문으로 하는 개업 공인중개사라면 '분양권여왕 ○○○', 토지를 전문으로 한다면 '토지박사 김○○', 지역을 중심으로 해서 '○○동의 알리미 ○○부동산' 등 내 업소의 핵심 키워드를 넣어서 지을 수 있다. 블로그 타이틀이나 닉네임은 바꿀 수는 있으나 자주 바꾸는 것은 추천하지 않는다. 닉네임의 경우 블로그 타이틀과 비슷하게 글자 수는 3~5자 이내로 하는 것이 좋다. 내가 어떤 분야의 전문가고, 내가 일하는 지역이 어디인지 등을 고려해 블로그 타이틀의 줄임말 정도로 사용해보는 건 어떨까? 어쩌면 블로그 이름보다 닉네임이 더 이름같이 불리게 되므로 부동산 전문가다운 이름으로 불릴 수 있도록 더욱 신중하게 지어보도록 하자.

블로그 기본 정보 관리

기본 정보 관리 블로그 정보 프로필 정보 기본 서체 설정	**블로그 정보**		
	블로그 주소	https://blog.naver.com/pond38 변경	네이버ID로 자동생성된 블로그 주소를 단 1회변경할 수 있습니다.
사생활 보호 블로그 초기화 방문집계 보호 설정 콘텐츠 공유 설정	블로그명	김박사의 마케팅 교실	한글, 영문, 숫자 혼용가능 (한글 기준 25자 이내)
	별명	김박사	한글, 영문, 숫자 혼용가능 (한글 기준 10자 이내)
스팸 차단 관리 차단 설정 차단된 글목록 댓글·안부글 권한	소개글	비즈니스 수업을 맡고 있는 김혜경 겸임교수 입니다.	블로그 프로필 영역의 프로필 이미지 아래에 반영됩니다. (한글 기준 200자 이내)
이웃 관리 내가 추가한 이웃 나를 추가한 이웃 서로이웃 신청 8	내 블로그 주제	비즈니스·경제	내 블로그에서 다루는 주제를 선택하세요. 프로필 영역에 노출됩니다.

출처 : 네이버

공인중개사의 중개업 마케팅에 관한 모든 것

'소개글'은 200자 이내로 나의 경력, 내가 블로그를 하게 된 동기, 내 중개사무소 위치, 전문 분야, 블로그를 통해서 알려주고 싶은 내용 등을 적을 수 있는 공간으로 블로그 프로필 영역의 프로필 이미지 아래에 반영된다. '내 블로그 주제'는 블로그는 남들이 원하는 정보를 제공해주는 역할을 하므로 고객에게 도움을 주는 글, 자신이 좋아하는 분야나 자신이 잘 아는 분야를 선택해야 블로그를 잘 키울 수 있다. 중개업의 블로그는 맛집이나 취미 등을 공유하는 곳이 아니라 부동산 관련 정보를 공유해주고 내 매물을 소개하는 공간이므로 주제에 맞게 꾸준하게 포스팅을 작성하자.

블로그의 기본 정보 이미지 등록

출처 : 네이버

'프로필 이미지'는 가급적 내 프로필 사진이나 중개사무소 정면 간판 이미지를 넣는 것이 좋다. 처음 블로그를 시작하면서 자신의 사진을 노출하는 것을 꺼려서 그냥 만화나 이쁜 사진 정도를 넣는 것을 보았는데 이것은 내 블로그의 진정성을 떨어뜨리는 역할을 하므로 중개사무소를 시작할 때 등록한 증명사진도 좋고, 좀 더 멋진 사진을 원하면 프로필 사진 한 장쯤은 사진관에서 찍어 블로그 주인장의 멋짐을 뽐내는 것도 좋을 것이다.

'모바일 커버 이미지'는 스마트폰에서 대문의 역할을 하는 곳이므로 스마트폰의 블로그 타이틀을 만든다는 마음으로 깔끔한 이미지를 업로드하면 된다. 이때 가급적 글씨가 있는 이미지보다는 부동산 관련 이모티콘이나 건물 등 이미지를 삽입하는 것을 추천한다.

'사업자 확인'은 사업자 정보 위젯 설정을 하면 된다. 설정 방법은 다음과 같다.

① 블로그 관리 → 꾸미기 설정 → 레이아웃, 위젯 설정에서 위젯을 사용할 수 있다.

블로그 위젯

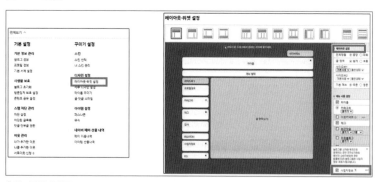

출처 : 네이버 블로그

공인중개사의 중개업 마케팅에 관한 모든 것

② 사업자 정보 설정에 내용을 입력한다.

③ 블로그 홈에서 사업자 정보 위젯을 확인 할 수 있다.

블로그 사업자 정보 설정

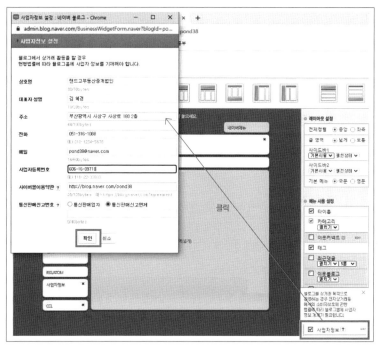

출처 : 네이버 블로그

네이버 톡톡은 앞 장에서도 설명했듯이 네이버 톡톡 파트너 센터에서 업체 등록을 하고 연결하면 된다. 블로그를 처음 시작하면서 부동산 매물을 바로 올리는 분들이 계실까? 블로그 개설을 하면서 사업자등록증을 바로 업로드할 필요는 없다는 것이 저자의 생각이다. 블로그 포스팅을 한다고 바로 노출되지는 않으므로 꾸준하게 일상이나 지역 정보, 부동산 관련 정보 등을 포스팅하면서 블로그가 상위 노출이 되면 사업자등록증을 업로드하고 본격적으로 매물을 소개하길 바란다. 중개업을 창업하기 전 먼저 블로그를 개설하고 꾸준하게 포스팅하는 습관을 들이면서 부동산 중개사무소를 창업하는 것이 이상적인 순서가 아닐까 생각한다.

·공유 설정

기본 설정에서 사생활 보호는 '블로그 초기화·방문 집계 보호 설정·콘텐츠 공유 설정'으로 구성되어 있다. 콘텐츠 공유 설정은 3가지 설정 옵션으로 되어 있으며 CCL 설정, 자동 출처 사용 설정, 마우스 오른쪽 버튼 금지 설정으로 되어 있다. 하나씩 설명해보면, CCL(Creative Commons License)이란 자신의 창작

저작권

▶**Attribution (저작자 표시)**
저작자의 이름, 출처 등 저작자를
반드시 표시해야 한다는 뜻으로,
라이센스에 반드시 포함하는 필수조항 입니다.

▶**Noncommercial (비영리)**
저작물을 영리 목적으로 이용할 수 없습니다
즉, 영리목적의 이용을 위해서는 별도의 계약이
필요하다는 의미입니다.

▶**No Derivative Works (변경금지)**
저작물을 변경하거나 저작물을 이용한
2차적 저작물 제작을 금지한다는 의미입니다.

▶**Share Alike (동일조건 변경허락)**
2차적 저작물 제작을 허용하되,
2차적 저작물에 원 저작물과 동일한 라이센스를
적용해야 한다는 의미입니다.

출처 : 한국저작권위원회

공인중개사의 중개업 마케팅에 관한 모든 것

물에 대해 일정한 조건 하에 다른 사람이 자유로운 이용을 허락한다는 내용의 자연 이용 라이선스다. CCL 설정은 처음에는 '사용 안 함'으로 체크되어 있으나 '사용'으로 설정 체크해 내가 힘들게 찍은 사진이나 저작물을 보호하기 바란다. CCL 아이콘은 저작자의 표시, 비영리, 변경 금지, 동일조건 변경 허락 등 총 4가지 종류를 이용해 설정할 수 있으며 게시글 작성 시도 변경할 수 있다.

영리 목적이란 재산상의 이익을 추구하는 것을 뜻한다. 자신의 저작물을 복제, 배포, 전송, 전시, 공연 및 방송하는 것은 허락하나, 저작자로부터 별도의 승낙 없이 영리 목적으로 사용하는 것을 원치 않으면 '허락하지 않음'으로 표시한다. 저작물의 변경 및 2차 저작에 대한 설정은 다른 사람이 자신의 저작물을 복제, 배포, 전송, 전시 공연 및 방송 시 저작물에 대해 개작이나 변경을 가하는 것을 원치 않을 경우 '허락하지 않음'을 선택한다.

| 실전 Tip | **저작권의 이해**

저작권이란 시, 소설, 음악, 미술, 영화, 연극, 컴퓨터프로그램 등과 같은 저작물에 대해 창작자가 가지는 권리를 말한다. 어떤 사람이 허락을 받지 않고 타인의 저작물을 사용한다면 저작권자는 그를 상대로 민사상의 손해배상 청구를 할 수 있고, 그 침해자에 대해 형사상 처벌을 요구(고소)할 수 있다. 블로그 포스팅을 할 때 글의 내용에 맞는 이미지나 동영상을 삽입하면서 글을 쓰는 일은 쉬운 일이 아니다. 하지만 내가 원하는 이미지나 동영상을 무료로 사용할 수 있다고 무작정 사용해서는 안 되며, 저작권을 확인한 후 사용해야 한다. 특히 사업적으로 사용할 경우에는 국내 저작권과 해외 저작권의 위배 여부를 확인하고, 사용하는 데 있어 각별한 주의가 필요하다.

CCO : 저작권이 소멸되어 제한이 없는 무료 저작물

FREE(CCO 외 모든 무료 저작물) : 저작권이 소멸되어 사용에 제한이 없는 무료 제작물

CCL : 이미지는 사용할 수 있지만, 약속된 조건하에서 사용 가능한 저작물(상업적 이용 안 됨, 출처 표기, 저작물 수정 금지 등)

구글에서 저작권 없는 무료 이미지 찾는 방법 : 이미지 → 도구 → 사용 권한

네이버에서 저작권 없는 이미지 찾는 법 : 이미지 → CCL → 적용하기

저작권의 이해

라이선스	이용조건	문자표기
CC ⓪	**저작자표시** 저작자의 이름, 저작물의 제목, 출처 등 저작자에 관한 표시를 해주어야 합니다.	CC BY
CC ⓪Ⓢ	**저작자표시-비영리** 저작자를 밝히면 자유로운 이용이 가능하지만 영리목적으로 이용할 수 없습니다.	CC BY-NC
CC ⓪Ⓔ	**저작자표시-변경금지** 저작자를 밝히면 자유로운 이용이 가능하지만, 변경 없이 그대로 이용해야 합니다.	CC BY-ND
CC ⓪Ⓞ	**저작자표시-동일조건변경허락** 저작자를 밝히면 자유로운 이용이 가능하고 저작물의 변경도 가능하지만, 2차적 저작물에는 원 저작물에 적용된 것과 동일한 라이선스를 적용해야 합니다.	CC BY-SA
CC ⓪Ⓢⓞ	**저작자표시-비영리-동일조건변경허락** 저작자를 밝히면 이용이 가능하며 저작물의 변경도 가능하지만, 영리목적으로 이용할 수 없고 2차적 저작물에는 원 저작물과 동일한 라이선스를 적용해야 합니다.	CC BY-NC-SA
CC ⓪ⓈⒺ	**저작자표시-비영리-변경금지** 저작자를 밝히면 자유로운 이용이 가능하지만, 영리목적으로 이용할 수 없고 변경 없이 그대로 이용해야 합니다.	CC BY-NC-ND

출처 : 한국저작권위원회

※ 저작권에 대한 오해와 진실

저작권자의 소유를 밝히면 콘텐츠를 사용할 수 있다? (×)

비영리를 명시하면 어떤 콘텐츠라도 쓸 수 있다? (×)

다른 저작자의 콘텐츠를 단 1초만 써도 저작권 위반이다? (○)

다른 크리에이터가 사용하면 나도 쓸 수 있다? (×)

텔레비전, 영화관, 라디오에서 직접 녹화한 콘텐츠는 사용할 수 있다? (×)

"저작권 침해 의사가 없음"이라고 명시해도 저작권 위반이다? (○)

무료 이미지나 글씨체를 다운받을 수 있는 곳을 표로 정리해보았다.

사이트 이름	사이트 주소	저작권 표기	비고
픽사베이	pixabay.com/ko/	CCO	
모그파일	morguefile.com/	CCO	
픽점보	picjumbo.com/	FREE	
스톡스냅	stocksnap.io/	CCO	
펙셀스	pexels.com/ko-kr/	CCO	동영상
프리제이피지	freejpg.com.ar/banco-de-im-agenes-gratis	FREE	
서플릿샤이어	splitshire.com/	CCO	
프리픽	kr.freepik.com/	FREE	출처표기 필수
반이미지스	barnimages.com/	FREE	
카붐픽스	kaboompics.com/	FREE	
언스플래쉬	unsplash.com/ko	CCO	
어도비스톡	stock.adobe.com/kr	FREE	
파쿠타소	pakutaso.com/	FREE	
픽셀로	pixelro.com/	FREE	회원가입
플래티콘	flaticon.com/kr/	CCO	
눈누	noonnu.cc/		글씨체
공유마당	gongu.copyright.or.kr		글씨체
네이버글꼴모음	hangeul.naver.com/font		글씨체
우아한 형제들	woowahan.com/#/fonts		글씨체

·블로그 이웃 관리

이웃 관리는 내가 추가한 이웃, 나를 추가한 이웃, 그리고 서로 이웃 신청으로 구성되어 있다. 2023년 4월 26일부터 모바일에서도 PC와 동일하게 이웃추가순, 이웃별명순, 업데이트순으로 정렬할 수 있게 되어 이웃목록 관리를 편하게 업그레이드했다.

블로그의 이웃 관리

출처 : 네이버

블로그는 이웃과의 소통을 중요하게 생각하므로 관심사나 주제가 유사한 블로거들과 서로이웃 신청하기를 권한다. 서로이웃 신청은 관심 있는 블로그의 소식을 받아보고 싶을 때 하고, 이웃의 글이 올라올 때마다 알림창을 통해 소식을 전달해준다.

서로이웃의 경우는 상대방 블로거의 동의가 필요한데, 같은 단체나 유사 직업들끼리 신청하는 경우가 많으며, 블로그 초기에는 서로이웃 신청과 허락을 통해서 이웃들과 왕성하게 교류하면서 공감과 댓글, 그리고 체류 시간이 늘어날수록 내 블로그 활동 지수에 도움을 주며 블로그를 키우는 데 큰 역할을 한다.

공인중개사의 중개업 마케팅에 관한 모든 것

이웃은 하루에 100명까지 추가로 받을 수 있으며, 한 블로그당 5,000명, 각 그룹당 500명까지 등록이 가능하고, 특히 막 시작한 블로그의 경우 검색 노출이 어려우므로 방문자를 유지하기 어렵고, 체류 시간(블로그에 머무는 시간)을 늘리지 못하는 경우가 많으므로 빠르게 블로그 최적화를 위해서는 서로이웃 신청을 하는 것이 필수적이라고 할 것이다.

블로그 만들기

네이버 블로그의 개설을 마쳤으면, 기본적인 블로그 틀을 벗어나 스킨이나 타이틀 등을 조금씩 수정해보도록 하자.

· 꾸미기 설정

PC를 조금 다룰 수 있는 분들은 타이틀을 만들고 스킨도 알아서 꾸미지만, 네이버에서는 일단 블로그에 쉽게 접근하게 하기 위해서 '블로그 쉽게 만들기'를 선택하면 초보 블로거분들도 블로그 개설이 좀 더 쉬울 것이다. 방법은 '관리 → 꾸미기 → 스킨 선택'으로 들어가 오른쪽 상단에 '블로그 쉽게 꾸미기'를 클릭하면 된다.

블로그 꾸미기 설정

출처 : 네이버 블로그

나만의 블로그 만들기

출처 : 네이버 블로그

  쉽게 만들기를 클릭해보면 다양한 스킨들이 보이는데 스킨의 종류는 총 40개로 심플한 9개, 차분한 8개, 사랑스러운 5개, 개성 있는 10개, 무게감 있는 8개의 스킨으로 구성되어 있다. 블로그를 1단으로 할지 2단으로 할지 선택한 후 미리보기를 통해서 내가 원하는 모양이나 색감 등 전체적인 구성을 보면서 나만의 블로그를 만들어보자.

나만의 블로그 간단하게 만들기

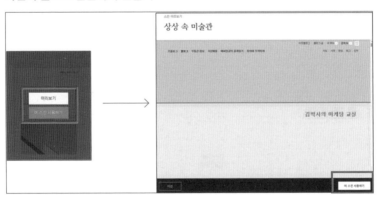

출처 : 네이버 블로그

공인중개사의 중개업 마케팅에 관한 모든 것

블로그 스킨을 자신의 주제와 맞게 설정하다 보면 나의 개성이 담겨 있는 블로그를 만들 수 있으며, 이렇게 만드는 블로그가 지루하거나 색다르게 만들어보고 싶다면 '관리→ 디자인 설정 → 세부 디자인 설정'에서 내가 원하는 컬러나 직접 등록으로 스킨 적용도 가능하다.

블로그 디자인 설정

출처 : 네이버 블로그

세부디자인 설정에서 스킨 배경은 이미지나 컬러, 직접 등록으로 색다르게 꾸밀 수 있으며 타이틀은 미리캔버스에서 만들어 업로드해보기도 하면서 세부 디자인을 만들어간다. 그런데 통계를 보면 PC에서 블로그를 검색하는 수보다 모바일에서 검색하는 수가 높으므로 굳이 PC에서 블로그 홈페이지를 너무 잘 꾸미려고 하지 않아도 된다.

· 블로그 타이틀 만들기

타이틀은 내 블로그로 들어오는 대문으로 고객들의 시선을 끌게 하는 곳이므로 정성스럽게 미리캔버스나 캔바 등을 이용해서 만들어보자.

블로그 타이틀 만들기

기본 설정	꾸미기 설정	메뉴 · 글 · 동영상 관리	내 블로그 통계
기본 정보 관리 블로그 정보 프로필 정보 기본 서체 설정	**스킨** 스킨 선택 내 스킨 관리	**메뉴 관리** 상단메뉴 설정 블로그 프롤로그	**오늘** 일간 현황
	디자인 설정 레이아웃·위젯 설정 세부 디자인 설정 타이틀 꾸미기 글·댓글 스타일	**글배달** 블로그씨 질문	**방문 분석** 조회수 순방문자수 방문 횟수 평균 방문 횟수 재방문율 평균 사용 시간
사생활 보호 블로그 초기화 방문집계 보호 설정 콘텐츠 공유 설정		**글 관리** 댓글 태그 글 저장	
스팸 차단 관리 차단 설정 차단된 글목록 댓글·안부글 권한	**아이템 설정** 퍼스나콘 뮤직	**동영상 관리** 내 동영상	**사용자 분석** 유입분석 시간대 분석 성별·연령별 분포 기기별 분포
이웃 관리 내가 추가한 이웃 나를 추가한 이웃 서로이웃 신청 8	**네이버 페이·선물 내역** 페이 이용내역 아이템 선물내역	**플러그인·연동 관리** 애드포스트 설정	이웃 방문 현황 이웃 증감수 이웃 증감 분석 국가별 분포

출처 : 네이버

'관리 → 꾸미기 설정 → 타이틀 만들기'를 클릭해보면 오른쪽에 리모콘 창이 뜨고 블로그 타이틀 만들기에서 네이버에서

공인중개사의 중개업 마케팅에 관한 모든 것

주는 타이틀 이미지를 사용하든지 아니면 컬러만 사용해 만들 수 있으나 여기서는 직접 등록으로 내가 만든 타이틀을 업로드 시켜보기로 한다.

블로그 타이틀의 세부 설정

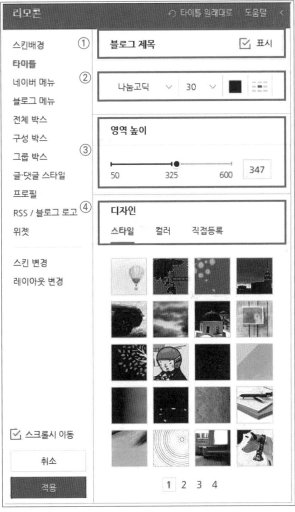

출처 : 네이버 블로그

앞의 이미지 ①~④까지 순서대로 체크해보자.

① 블로그 제목을 나타나게 할 것인지 물어보는 곳으로 체크를 해제하면 타이틀에 블로그 제목이 나타나지 않고 체크를 하면 제목이 나타난다. 직접 등록 시에는 사용하지 않는 것이 좋으며 컬러나 네이버에서 주는 스타일을 사용할 때는 필히 체크해야 한다.

② 글씨체, 글씨 크기, 글씨 위치를 체크한다. 블로그 제목 글씨체는 기본 외에 나눔 명조, 나눔 고딕, 바른 고딕 중에서 선택할 수 있고, 글씨 크기는 25~50px까지 사용 가능하며, 글씨 색깔도 다양하게 사용할 수 있다. 글씨 위치는 타이틀 화면에서 타이틀 상단, 중앙, 하단 등 9개의 위치로 선택이 가능하도록 해두었기 때문에 내가 원하는 위치에 블로그 제목을 넣을 수 있다.

③ 블로그 영역 높이로 50~600px까지 높이를 설정할 수 있으며 처음에는 300~400px 정도의 높이를 권한다. 요즘은 600px보다 높은 타이틀을 많이 사용하는데 이는 2,000px 정도 높이를 스킨 배경으로 직접 등록해서 사용하는 경우다.

④ 타이틀 이미지를 등록하는 방법으로 네이버에서 주는 스타일을 이용하는 방법과 컬러를 선택해서 하는 방법, 그리고 무료 이미지를 이용해서 타이틀 이미지를 등록하는 방법, 직접 만들어놓은 이미지를 등록하는 방법이 있다.

블로그 타이틀을 스타일로 만들 때

출처 : 네이버 블로그

블로그 타이틀을 컬러로 만들 때

출처 : 네이버 블로그

직접 등록은 미리캔버스나 캔바에 있는 디자인을 수정해서 사용하면 편리하다. '미리캔버스 → 템플릿 → 사이즈 입력 (966×300) 후 → 검색을 전 PC로 검색한 후 내가 원하는 템플 릿을 선택 후 선택한 사이즈로 적용 → 내용 등을 수정한 후 다 운로드'의 순서로 가능하고, 다시 블로그 관리 홈 타이틀 디자인 직접 등록에서 파일 등록을 클릭한 후 미리캔버스에서 만들어둔 타이틀 템플릿이 저장된 곳(바탕화면이나 다운로드함)에서 찾아 업로드하면 된다. 무료 이미지를 이용해서 타이틀 이미지를 만들면 색다른 이미지로 블로그를 꾸밀 수 있는데, 무료 이미지에는 하늘, 초원, 사무실 등 간단한 단어를 검색하고 멋진 이미지들을 선택해서 삽입하면 된다. 단, 이미지는 저작권이 있으므로 이용 조건을 확인한 후 사용하길 바란다.

블로그 타이틀을 직접 등록하는 방법

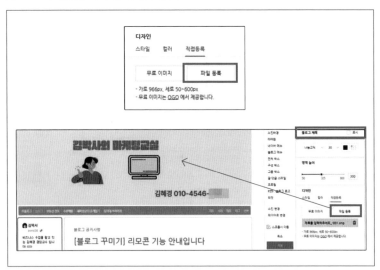

출처 : 네이버 블로그

　　　공인중개사의 중개업 마케팅에 관한 모든 것

· 블로그 타이틀을 넓게 만드는 방법

블로그 타이틀의 크기는 기본적으로 가로 966px×세로 50
~600px까지 가능하다. 통계를 보면 모바일을 이용해서 내 블
로그로 검색해서 들어오는 확률이 많기는 하지만 요즘 관공서
나 기업들의 공식블로그 등을 보면 PC 화면을 꽉 채우는 블로
그 타이틀을 볼 수 있다. 이 경우 PC 모니터의 크기에 따라, 해
상도에 따라 짤리거나 이상하게 보이는 경우가 있으므로 가급
적 블로그 타이틀이나 전화번호 등 중요한 내용은 중앙에 위치
하도록 작업하는 것을 권한다.

이 또한 미리캔버스의 템플릿에서 조금 응용해서 사용해도 해
도 되는데 사이즈가 가로 2,000px×세로 50~600px의 크기를
사용해서 디자인 관리 창에서 타이틀로 등록하는 것이 아니라
스킨 배경으로 등록한다.

미리캔버스에서 직접 등록 사이즈를 2,000px×600px으로
설정 후 만들어보자. 미리캔버스에서 배경화면을 연한 회색으로
만들고, 요소에서 'PC'를 검색한 후 다음과 같은 요소를 선택에
서 중앙으로 두었다. 그리고 간단하게 텍스트에서 '김박사의 마
케팅교실'을 입력하고 글자색을 바꾸고 글자체도 바꾸고 전화
번호도 중앙으로 넣어서 큰 타이틀을 만든 후 다운로드를 한다.

'블로그 관리 → 꾸미기 설정 → 타이틀 꾸미기'에서 블로그
제목 표시는 체크 해제하고 '스킨배경에서 → 디자인 → 직접 등
록'에서 파일을 찾아 업로드하면 큰 타이틀이 스킨 배경으로 적
용되어 타이틀이 PC에 꽉 차 보이는 효과를 준다.

블로그 타이틀을 스킨 배경으로

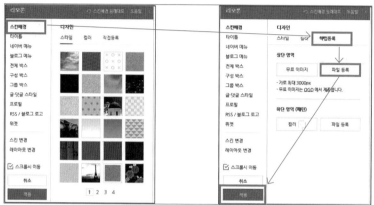

출처 : 네이버 블로그

2,000px×600px 사이즈 이미지

출처 : 네이버 블로그

공인중개사의 중개업 마케팅에 관한 모든 것

아이템 설정

아이템 설정에는 퍼스나콘과 뮤직을 설정할 수 있다. 퍼스나콘은 블로그 주인의 아이디 옆에 함께 있는 아이콘을 말하며 다른 사람들의 블로그나 카페 등에 댓글을 달면 아이디 옆에 표현이 되고, 이 퍼스나콘 아이콘은 네이버에서 무료로 제공되고 있으며 다양한 아이콘을 사용할 수 있다. '블로그 관리 → 꾸미기 설정 → 아이템 설정 → 퍼스나콘'을 설정하면 대표 퍼스나콘과 댓글용 퍼스나콘이 보인다.

블로그 아이템 설정 방법

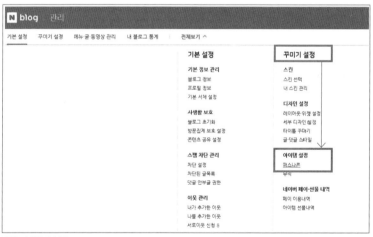

출처 : 네이버 블로그

이는 댓글과 대표 퍼스나콘을 각각 설정해서 사용할 수 있기도 하고 대표 아이콘과 댓글용 아이콘을 함께 사용할 수 있다. 여기서는 함께 사용하는 것으로 설정했다.

무료 퍼스나콘 사용법

출처 : 네이버 블로그

다음은 무료 퍼스나콘을 어떻게 선택해서 사용할 수 있는가를 알아보면 퍼스나콘 보관함 오른쪽 옆 무료 퍼스나콘 전체보기를 클릭해서 보면 된다.

무료 퍼스나콘 사용법

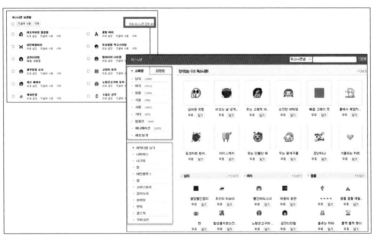

출처 : 네이버 블로그

공인중개사의 중개업 마케팅에 관한 모든 것

퍼스나콘은 소재별, 감정별, 캐릭터별로 많은 수의 아이콘들을 무료로 사용할 수 있고, 상단 검색창을 활용해서 귀엽고 예쁜 아이콘을 찾아 사용할 수도 있다.

퍼스나콘 이미지 선택

출처 : 네이버 블로그

퍼스나콘 이미지 검색

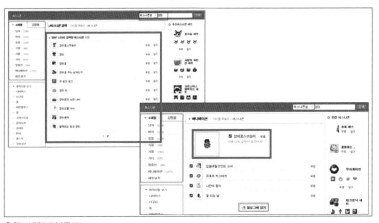

출처 : 네이버 블로그

저자는 '장미'로 검색 후 검색해서 나온 이모티콘 중 '장미꽃 스무 송이'를 선택 후 블로그에 담았다.

퍼스나콘을 블로그에 담기

출처 : 네이버 블로그

　퍼스나콘 보관함에 담긴 '장미꽃 스무 송이'를 대표 퍼스나콘
이나 댓글 아이콘으로 사용하려면 설정해 사용하면 된다.

퍼스나콘 보관함

출처 : 네이버 블로그

레이아웃 위젯 설정

블로그 레이아웃 위젯 설정 메뉴는 블로그의 전체적인 메뉴 등을 배치하는 곳으로 '관리 → 꾸미기 설정 → 디자인 설정 → 레이아웃 위젯 설정' 메뉴를 클릭한다. 레이아웃 위젯 설정으로 들어가면 메뉴와 위젯이 포스터의 왼쪽이나 오른쪽에 있는 2단 레이아웃과 메뉴, 위젯이 포스트 상단이나 하단에 있는 1단 레이아웃으로 구별된다. 블로그를 찾아오는 고객들의 시선은 왼쪽에서 오른쪽으로, 또는 위에서 아래로 흐르기 때문에 가급적 카테고리나 위젯은 상단이나 왼쪽에 둘 것을 권한다.

1단 레이아웃의 경우는 큰 사진을 넣을 수 있어 사진을 많이 이용하는 블로그인 음식이나 여행 등 이미지 노출을 강조하는 업종에 사용하기를 추천하고, 2단 레이아웃의 경우는 사진 영역 사이즈는 작지만 카테고리를 왼쪽에 길게 삽입할 수 있고, 카테고리 내용을 모두 보여줄 수 있어 전문적인 블로그를 운영하는 업종에 맞다.

블로그 꾸미기 설정

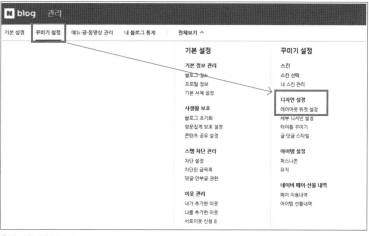

출처 : 네이버 블로그

블로그 레이아웃 설정

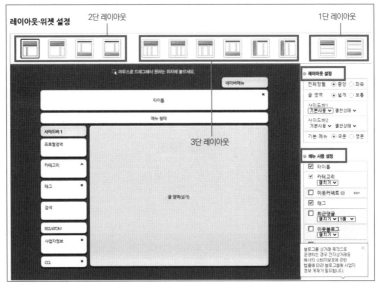

출처 : 네이버 블로그

네이버 블로그 레이아웃은 2단 4가지, 3단 6가지, 1단 2가지 총 12가지의 디자인이 제공되고 있으며, 1단이나 2단이 3단에 비해 포스트 영역을 넓게 사용할 수 있는 것이 장점이다.

1단 예   **2단 예**

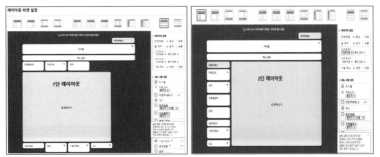

출처 : 네이버 블로그

공인중개사의 중개업 마케팅에 관한 모든 것

3단 예

출처 : 네이버 블로그

오른쪽 상단 레이아웃 설정에서 전체 정렬은 중앙으로, 글 영역은 넓게 하고 메뉴 사용 설정에서 노출을 하고자 하는 위젯은 체크해 활성화시키고 필요 없는 위젯은 체크 해제를 한다. 1단 레이아웃 상단 위젯은 포스트 영역을 넓게 설정했을 때 5개까지 설정되고, 이들 위젯은 상하좌우로 드래그해 위치를 조정하면서 바꿀 수 있다.

홈페이지형 블로그 만들기

네이버 블로그를 시작하기 위한 기본적인 세팅은 앞과 같이 진행하면 되고, 수업을 하다 보면 홈페이지형 블로그를 물어보는 분들이 많다. 블로그가 제법 폼나게 하는 디자인이라 생각하기에 여기서 추가로 홈페이지형 블로그, 즉 위젯을 직접 만들어서 등록하는 방법을 알아보도록 한다.

홈페이지형 블로그는 외주 광고업체로 이루어지는 경우가 많으나 레이아웃이나 디자인에 따라서 적지 않은 돈이 지불되기도 한다. 반면 미리캔버스 작업으로 제작할 경우 잘 따라해보면 간편하게 만들 수 있다. 먼저 '블로그 꾸미기 설정 → 디자인 설정 → 레이아웃 위젯 설정'에서 레이아웃을 1단 레이아웃 모양으로 설정한다.

위젯은 최대 20개까지 등록할 수 있고, 위젯 코드는 한글 1,000자, 영문 2,000자까지 등록이 가능하며, 일부 위젯 코드나 HTML 태그는 등록이 제한될 수 있다. 위젯은 먼저 미리캔버스에서 위젯 디자인을 하고, 위젯 등록하기, 그리고 위젯 숨기기&삭제하기 순서로 진행한다.

① 위젯 디자인 만들기

미리캔버스에서 사이즈 가로 170, 세로 170을 입력한다. 요소에서 '페이스북'을 검색 후 삽입해서 이 이미지를 배경화면으로 만들어 위젯을 만들었다.

미리캔버스 170X170 사이즈 위젯 디자인 만들기

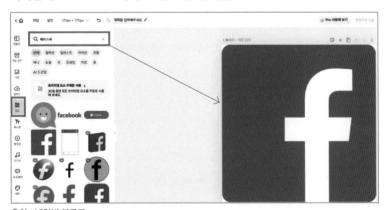

출처 : 네이버 블로그

공인중개사의 중개업 마케팅에 관한 모든 것

② 위젯 등록하기

네이버 블로그에 위젯을 등록하려면 이미지로 만든 위젯에 이동할 링크를 연결하고 원하는 위치로 이동해야 한다. 먼저 '네이버 블로그 → 내 메뉴 → 글쓰기 PC창과 블로그 → 스킨 변경 → 레이아웃 위젯 설정'순인데, PC의 창 두 개를 띄워놓고 작업하기를 권한다. 먼저 이미지 링크를 가져오기 위해서 블로그 글쓰기 창에서 제목을 입력한 후 미리캔버스에서 만든 이미지를 삽입한다.

블로그 위젯 등록하기

출처 : 네이버 블로그

글 속 이미지 위에 마우스를 두고 '마우스 우클릭 → 이미지 링크 복사'를 누른 후 해당 코드에 이미지 링크를 붙여넣는다.

블로그 위젯 걸기

출처 : 저자 제공

〈a target=" -blank"href="이동할 페이지 주소"〉
〈img src="이미지 주소(링크)"〉〈/a〉

다음은 위젯 클릭 시 이동할 페이지의 주소를 넣는데 저자는
페이스북으로 링크를 걸기 위해 페이스북 주소를 '이동할 페이
지 주소'에 붙여넣는다. '소스를 관리 → 디자인 설정 → 레이
아웃 위젯 설정 → 위젯 직접 등록 BETA에 붙여넣기'를 해 등
록한다.

③ 블로그에 직접 만든 위젯 설정하기

블로그 위젯 코드 입력

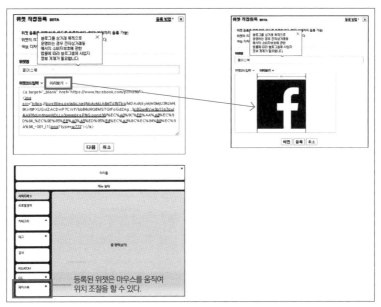

출처 : 저자 제공

블로그 메뉴·글 관리

블로그를 만들면서 가장 먼저 설정해두어야 할 부분인 메뉴·
글 관리에서 카테고리, 상단 메뉴 설정, 블로그, 프롤로그를 만
들어두는 것은 블로그의 절반 정도를 만든 것으로 보면 된다. 저
자가 블로그 수업을 하면서 전체 관리 부분을 체계적으로 하나
하나 알려드리지는 못하지만, 이 부분 만큼은 먼저 설정하게 하
고 블로그 만들기를 진행한다. 블로그를 처음 만들 때 기본 정보
부터 기입하고 난 후 카테고리부터 만들어 카테고리에 맞게 글
을 등록해야 하고, 블로그 방문 고객들이 편리하고 쉽게 글을 읽

게 하고 더 오래 머물 수 있는 공간으로 만들어야 한다.

· 키워드에 맞는 카테고리 만들기

카테고리는 '관리창 → 메뉴·글 관리 → 블로그'에서 만드는데 네이버의 검색 알고리즘 C-Rank는 신뢰도 있는 전문적인 글을 요구하고, 다이아 로직은 고객의 만족도에 의해 상위에 노출된다. 따라서 카테고리는 복잡하고 다양하게 만들기보다는 간단하게 내 전문 분야를 키워드로 해서 3~5개 정도만 먼저 만들고 블로그를 키워가면서 세부 카테고리를 만들어가는 것을 추천한다.

블로그의 카테고리 만들기

출처 : 네이버 블로그

블로그를 클릭해 들어가 보면 상단에 페이지당 글은 1개, 2개, 5개, 10개로 기록되어 있는데 이는 내 블로그 첫 화면에 들어오면 보여주고 싶은 포스팅의 개수를 몇 개로 할 것이냐를 설정하는 곳이다. 저자는 5개 정도가 적당하다고 생각하고 5개를 체크

하니 내 블로그 타이틀 아래 전체보기 글 중 5개의 포스팅 제목이 보인다. 고객이 하나의 글을 보려고 방문한 경우 상단에 노출되어 있는 포스팅 제목을 보면서 관심 있는 포스팅에 클릭을 해보게 된다. 이때 페이지뷰가 늘어나고 체류 시간이 길어지게 되는 것은 블로그 상위 노출에 큰 도움이 되므로 전체 보기 페이지 수는 꼭 체크해두도록 한다.

블로그 카테고리 설정

출처 : 네이버 블로그

카테고리 관리 설정에서는 카테고리 추가 '+' 버튼을 누르면 카테고리가 생성되고 '-' 삭제를 누르면 생성된 카테고리가 삭제된다. 구분 선은 카테고리의 정보를 구분이 필요할 때 카테고리 성격이 다른 아래에 마우스를 두고 클릭하면 생성된다. 기본 카테고리는 마우스를 '카테고리 전체보기'에 두고 카테고리 추가를 클릭하면 되고, 세부 카테고리를 만드는 방법은 만들어진 카테고리에 마우스를 두고 카테고리 추가를 클릭하면 된다.

예를 들어 '여가 시간 만들기' 카테고리를 만들고자 한다면 카테고리 전체 보기에 마우스를 두고 카테고리 추가를 클릭하고, 그 아래 '생필품 체험기'라는 세부 카테고리를 만들 때는 '여가 시간 즐기기'에 마우스를 두고 카테고리 추가를 클릭하면 된다.

카테고리 명은 자신들이 만들고자 하는 카테고리 명을 입력하고, 설정은 일반적으로 공개 설정으로 체크하는데 비공개 설정을 사용해서 내가 쓴 매물 포스팅의 거래가 완료되었을 때는 비공개로 수정해야 하고, 또는 블로그에서 별도의 내 작업이 필요한 경우 운영자 방을 카테고리로 만들고 비공개로 해두고는 작업하는 경우가 있다.

주제 분류는 카테고리 성격에 따라 주제를 설정하는데, 부동산의 경우 비즈니스 경제를 체크해두고 사용한다. 내가 특별히 음식 만들기나 여행을 좋아한다면 여행 카테고리를 만들어 주제 분류를 여행으로 해두어도 된다.

공개 설정은 각각의 포스팅에서도 수정이 가능하다. 글 보기는 블로그형이나 앨범형으로 설정하면 되는데, 앨범형은 이미지나 동영상을 섬네일로 보여주는 것이니 이미지를 강조하고 싶은 블로그는 앨범형을 선택하는 것이 좋다. 섬네일 비율은 블로그형에서는 정방형이나 원본 비율 중 선택할 수 있는데, 앨범형에서는 정방형 섬네일로만 노출된다(원본 비율의 경우는 섬네일이 1 : 2 비율로 노출되는데, 보통 섬네일은 정방형으로 하기를 권한다. 자신의 취향대로 선택해보면서 블로그를 키우는 과정에서 수정해가며 블로그를 꾸밀 수도 있으니 너무 고민은 하지 말고 처음에는 기본에 충실한 것이 최고다.

목록보기는 해당 카테고리 안에서 보여주는 목록이다.

블로그 목록 열기

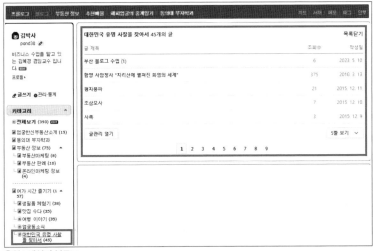

출처 : 네이버 블로그

카테고리 내 포스팅 목록을 보는 것으로 목록 열기를 체크하면 상단의 이미지처럼 본문에 뜨게 되고 이렇게 카테고리 관련 설정을 입력했다면 아래 확인 버튼을 클릭해 완성시킨다. 마지막으로 카테고리 접기는 자신이 원하는대로 카테고리를 펼칠수도 있고 접어둘 수도 있는 기능으로 "블로그에서 이 카테고리를 기본으로 보여줍니다"라는 표현은 가령 내가 운영하는 중개업소 소개를 한 포스팅이 있다면 블로그 운영 초기에는 자신의 경력이나 중개사무소 위치, 주로 하는 업무 분야 등을 적은 포스팅을 기본으로 블로그로 들어오는 고객에게 소개하면 좋을 것이다.

· 상단 메뉴 설정

블로그 상단 메뉴는 내 블로그로 들어오는 방문자가 쉽게 상단 메뉴 버튼을 통해 포스팅한 글을 볼 수 있게 하는 역할을 하는 것으로 타이틀 바로 아래 프롤로그, 블로그 외 4개까지의 카테고리를 연결시킬 수 있으며, 내 블로그에서 가장 노출시키고자 하는 카테고리를 설정해서 블로그의 특성을 알리도록 한다. 상단 메뉴를 설정하는 방법은 '관리→ 메뉴·글·동영상 관리 → 메뉴 관리 → 상단 메뉴 설정'을 클릭한다.

블로그 상단 설정

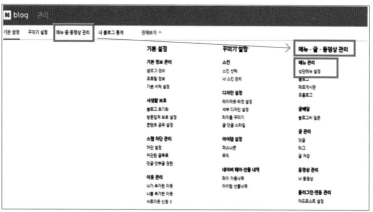

출처 : 네이버 블로그

상단 메뉴 지정에서 원하는 카테고리를 선택 후 클릭하면 오른쪽에 상단 메뉴로 나타날 카테고리가 나온다. 이렇게 4개의 카테고리를 오른쪽으로 지정한 후 아래쪽 확인을 클릭하면 블로그 첫 화면에 프롤로그, 블로그, 다음 순으로 4개의 카테고리가 보이는 것을 알 수 있다.

공인중개사의 중개업 마케팅에 관한 모든 것

블로그 상단 메뉴 선택

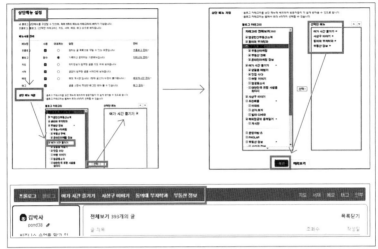

출처 : 네이버 블로그

  '상단 메뉴 설정 → 메뉴 사용 관리'에서는 프롤로그, 블로그,
지도, 서재, 메모, 태그가 보여지는데, 내 블로그를 프롤로그형
으로 보이게 할 것인지 블로그형으로 보이게 할 것인지 체크하
는 곳이며, 메모나 지도, 태그 등은 체크를 해제해서 사용하지
않아도 된다.

  블로그를 처음 시작하면 블로그 '필수' 대표 메뉴로 설정되어
있지만 프롤로그로 대표 메뉴를 바꾸어서 사용하려면 프롤로그
관리에서 보기 설정을 '글 강조'나 '이미지 강조' 등으로 설정을
바꾸어서 사용할 수 있다.

블로그 프롤로그 설정

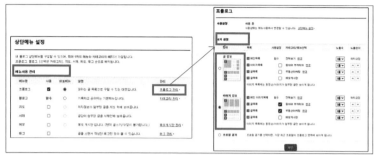

출처 : 네이버 블로그

블로그형

출처 : 네이버 블로그

프롤로그형(이미지 강조)

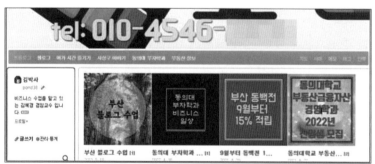

출처 : 네이버 블로그

공인중개사의 중개업 마케팅에 관한 모든 것

· 동영상 관리

　나의 동영상을 수집해놓은 곳으로 개별 동영상 검색이 가능하고, 개별 정보 수정을 동시에 할 수 있는 공간이며, 2023년 1월 16일부터 비공개 동영상 업로드 용량이 15GB으로 제한되었다. 그 이유는 게시물의 비공개 기능을 악용해 정상적이지 않은 방식으로 동영상을 업로드해 유포하거나 불법적인 방법으로 유통하는 일부 사용자들을 제한하기 위해서이고, 스크랩한 게시글의 동영상은 노출되지 않으며, URL을 입력해 첨부한 동영상도 역시 노출되지 않으며, 동영상은 원본 파일로 첨부해야 노출이 된다.

애드포스트 수익 창출 기능

　네이버 애드포스트는 블로그 등 네이버 내부 미디어 광고를 게재하면 광고에서 발생한 수익을 배분받게 해주는 광고 매칭 및 수익 공유 서비스다. 애드포스트로 인한 수입은 광고의 종류에 따라 다르고, 광고의 단순 노출만으로 발생하기도 하며, 노출된 광고를 방문자가 클릭해 정상적인 클릭으로 집계가 되었을 때 발생하는 경우도 있다.

　네이버는 2018년 11월 22일 노출 과정을 쉽게 개편하면서 애드포스트 노출을 적극적으로 홍보하고 있으며, 이유는 네이버 블로그들은 잦은 검색 엔진의 변화로 힘들어하지만, 그에 대한 보상은 적었던지라 유튜브로 떠나가는 블로거들이 많아지고, 새로운 블로거들의 유입 또한 적어지고 있기 때문이다. 네이버 블로그 하단에만 노출되었던 애드포스트 광고를 본문 중앙에도 노출이 가능하도록 개편하는 등 블로거들의 수익 창출을 위해 노력하고 있다.

애드포스트 가입 조건은 네이버를 이용하는 만 19세 이상의 이용자로 개인, 개인사업자, 영리법인이 수입을 지급받기 위해서는 관련 법령에 따라 제세공과금(소득세, 주민세 등)을 부담해야 하기 때문에 정책상 만 19세 이상의 성인으로 한정하며 비영리법인이나 면세사업자의 경우는 가입이 불가하다. 애드포스트 회원가입 과정은 '약관 동의 → 회원 인증 → 회원 정보 인정 → 가입 신청 완료'의 과정을 거친다.

에드포스트 회원 가입하기

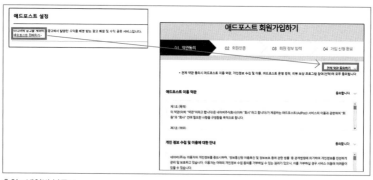

출처 : 네이버 블로그

애드포스트에 가입하기 위해서는 실명 확인이 필수며, 개인의 네이버 아이디는 3개까지 만들 수 있는 점을 고려해 애드포스트도 3개의 블로그까지 적용할 수 있고, 가입 신청이 완료되면 검수를 통해 애드포스트 광고를 할 수 있다. 다만 애드포스트에 가입한 후 광고를 게재하는 미디어를 별도로 등록해야 하며, 애드포스트에서 정하는 일정한 등록 기준을 충족해야만 등록이 가능하고, 가입 시 휴대폰 번호를 인증받아 은행 계좌는 '내 정보 → 회원정보 변경 → 수입 지급 정보 → 은행 계좌 인증'을 받으면 된다.

블로그 통계 읽는 방법

블로그 통계는 내 블로그 첫 화면에 프로필이 있는 곳과 블로그 관리 창의 내 블로그 통계에서 확인할 수 있고, 블로그 통계를 주의 깊게 관찰해야 하는 이유는 통계를 분석함으로써 내 블로그의 부족한 점을 파악하고, 향후 블로그 콘텐츠의 방향성을 설정할 수 있기 때문이다. 과거 블로그에서 제공되던 통계에서는 내 블로그 방문, 유입에 대한 어제 기준의 간단한 데이터만을 확인할 수 있었지만 2018년 11월 이후부터 제공되고 있는 새로운 통계에서는 오늘 실시간 지표부터 기존 제공되던 메뉴들보다 더 상세한 데이터를 제공하고 있다.

내 블로그 통계 확인

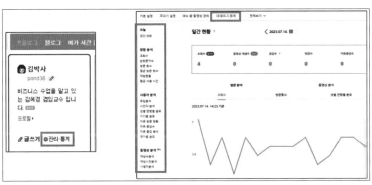

출처 : 네이버 블로그

먼저, 오늘 및 방문 분석 카테고리를 통해 확인할 수 있는 통계에 대해 알아보자. 통계의 업데이트 주기는 일간 다음 날 0시 이후 새벽, 주간 다음 주 0시 이후 새벽, 월간 다음 달 0시 이후 오전으로 이루어지며, 매월 1일은 월 단위의 통계 데이터가 집계되므로 업데이트에 다소 시간이 소요될 수 있으며 통계 업데이트가 완료되기 전에는 모든 지표가 '0'으로 노출될 수도 있다. 그리고 통계 데이터 제공 기간은 일간은 최근 3개월, 주간은 최근 15주, 월간은 최근 26개월을 최대 기간으로 해서 데이터를 제공한다.

① 오늘 일간 현황에서는 선택한 날짜의 주요 지표인 조회 수, 공감 수, 댓글 수, 이웃 증감 수 등의 수치를 한눈에 확인할 수 있고, 조회 수, 방문 횟수, 조회 수 순위, 유입경로, 성별·연령별 분포의 상세 그래프와 수치를 제공하고 있다.

② 조회 수는 해당 기간 동안 내 블로그를 방문한 사용자가 내 블로그 내의 페이지를 열람한 횟수를 의미하고, 계정 전체의 조회 수와 포스트별 조회 수로 나누어진다. 글이 아닌 프롤로그, 리뷰로그, 안부 게시판 메모로그 등의 페이지 조회 수는 계정 전체의 조회 수에는 포함되나 글 조회 수는 아니므로 글 조회 수의 합이 계정 전체의 조회 수와 일치하지는 않는다.

③ 순방문자 수는 해당 기간 동안 내 블로그에 1회 이상 방문한 중복되지 않은 방문자 수를 의미하며, 동일인이라도 로그인했을 경우와 로그인하지 않았을 경우 각각 개별 산정된다.

④ 방문 횟수는 해당 기간 동안 내 블로그에 방문한 총 횟수이

며, 30분 이내의 재방문은 가산되지 않는다.

⑤ 평균 방문 횟수는 해당 기간 동안 순방문자의 평균 방문 횟수를 의미하며, 해당 기간 동안의 내 블로그 방문 횟수 전체를 내 블로그에 방문한 중복 없는 방문자 수로 나누어서 해당 기간의 1인당 방문 횟수를 살펴보기 위한 지표다.

⑥ 재방문율은 선택한 기간의 전체 방문자들중에서 선택한 기간의 직전 기간에도 방문했던 사용자들의 비율을 의미한다.

⑦ 평균 사용 시간은 선택한 기간 동안 사용자들이 내 블로그에 체류한 시간을 의미한다. 블로그에 유입되어서 오랫동안 글을 보고 머무는 것 자체가 블로그의 신뢰도를 높여주는 것이다 보니 더욱 중요한 지표로, 블로그에서 체류 시간과 가독성 등은 중요한 부분이라고 강조해도 지나치치 않을 것이다.

다음으로 사용자 분석 카테고리에서 확인할 수 있는 통계는 다음과 같다(네이버 블로그 통계 참고).

① 유입 분석은 내 블로그에 방문하기 직전의 페이지 정보로 각 경로별 유입 비율을 확인할 수 있다. 네이버의 서비스는 네이버의 각 서비스 단위로, 그리고 외부 사이트는 사이트 단위로 구분해 분포를 제공하고 있다.

② 시간대 분석에서는 시간대별 조회 수, 유입경로, 성별·연령별 분포, 조회 수 순위를 확인할 수 있다.

③ 성별·연령별 분포에서는 내 블로그 방문자의 성별·연령별 분포를 조회 수, 순방문자 수 기준으로 확인할 수 있다(단, 성별·연령별 정보를 확인 가능한 사용자 수가 '5' 미만인 경우에는 개인

정보보호를 위해 데이터가 노출되지 않는다).

④ 기기별 분포에서는 사용자들이 사용한 기기를 PC, 모바일로 구분해 조회 수, 순방문자 수 기준으로 데이터를 확인할 수 있다.

⑤ 이웃 방문 현황에서 이웃별 조회 수, 방문자 수를 확인할 수 있고 서로 이웃 조회 수, 피 이웃 조회 수, 기타 조회 수, 여기에 서로 이웃의 순방문자 수, 피 이웃의 순방문자 수, 기타 순방문자 수를 제공하고 있다.

⑥ 이웃 증감 수는 이웃 수의 변화를 확인할 수 있는 곳이다.

⑦ 이웃 증감 분석에서는 추가 또는 삭제한 이웃들의 성별·연령별 분포를 확인할 수 있다.

⑧ 국가별 분포에서는 선택한 기간 동안 내 블로그를 방문한 사용자의 국가명, 조회 수와 비율을 확인할 수 있다.

현재 블로그 콘텐츠가 양질인가를 판단하는 데는 사용자들이 내 블로그에 체류한 시간, 즉 사용자가 해당 게시글에 얼마나 오래 머물렀는가가 중요한 지표가 된다. 사용자들의 평균 사용 시간을 일간, 주간, 월간 단위의 통계로 자세히 확인할 수 있으므로 항상 체크하는 습관을 길러야겠다. 그리고 블로그 평균 데이터는 내 블로그가 상위 그룹과 비교해 위치가 어디쯤인지 알 수 있게 해준다. 여기에서 블로그 전체 데이터, 상위 5만 개 블로그의 평균 데이터, 나의 평균 데이터, 총 3가지의 평균 데이터를 한 번에 비교할 수 있다.

동영상 분석 카테고리에서는 내가 업로드한 동영상의 재생 수, 재생 시간, 시청자 수, 공감 수와 더불어 유입 경로, 시간대, 성별·연령별 등의 분석 데이터를 제공한다. 검색어, 검색 서비스와 실제 재생된 서비스가 무엇인지 및 시청 시간과 시청 구간 확인이 가능하고, 단, 조회 기간의 재생 수 및 시청자 수가 '5' 미만일 시 개인정보보호를 위해 성별·연령별 분포 정보를 제공하지 않는다.

재생 수 분석은 선택한 기간 동안 내 블로그에서 동영상이 재생된 횟수를 성별·연령별, 유입 경로별, 국가별, 기기별, 시간대별 등 다양한 기준으로 확인한다. 재생 시간 분석은 선택한 기간 동안 내 블로그에서 동영상이 재생된 시간의 합계 및 평균 시간을 영상 순위, 시간대, 성별·연령별, 기기별 기준으로 확인한다. 영상의 순위는 긴 영상을 순서대로 보여준다. 시청자 분석은 선택한 기간 동안 내 블로그에서 동영상을 시청한 이용자를 신규와 재방문으로 구분한다. 내 동영상에 공감한 횟수와 공감한 사용자의 성별·연령별 분포, 공감 수 순위를 확인할 수 있으나 단, 조회 기간의 재생 수 및 시청자 수가 5 미만일 시 개인정보보호를 위해 성별·연령별 분포 정보를 제공하지 않는다. 그리고 블로그 통계에서는 조회 수 순위, 공감 수 순위, 댓글 수, 동영상의 순위를 각각 숫자 또는 그래프로 알려주고 있다.

블로그 평균 데이터

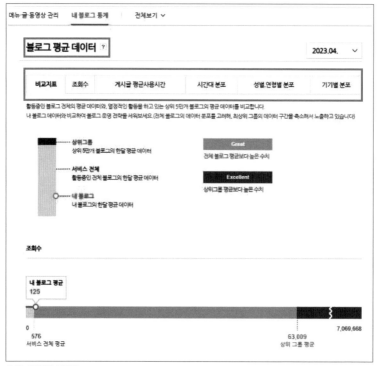

출처 : 네이버 블로그

  블로그의 평균 데이터에서는 블로그 이용자의 전체 평균 데이터를 제공해 약 3개월 주기로 업데이트되고 있으며, 활동 중인 블로그 전체의 평균 데이터, 월간 조회 수 상위 5만 개 블로그의 평균 데이터, 그리고 나의 현재 블로그 평균 데이터 등을 알 수 있다.

공인중개사의 중개업 마케팅에 관한 모든 것

03 블로그 글쓰기

검색 노출에 최적화된 글쓰기

검색 노출에 최적화된 글쓰기는 네이버 블로그 운영의 핵심으로 이를 위해 네이버 검색 로직에 대한 이해가 우선이기에 C-Rank와 다이아 로직에 대해 알아보자. 먼저, C-Rank는 주제별 관심사에 대해 얼마나 전문적으로 포스팅되고 있는지, 정보의 품질은 얼마나 좋게 지속적으로 포스팅되고 있는지, 포스팅된 글에 대한 방문자의 반응이 어느 정도인지를 보고 상위 노출을 가늠하게 해준다. 예전에는 부동산 블로그를 운영하면서 상위 노출이 되게 하려면 부동산 관련 주제와 맛집, 일상, 여행 등의 글을 45일 동안 공존하게 그리고 다양하게 업로드해야 한다는 분위기였지만, C-Rank가 적용된 이후 주제별 관심사를 꾸준하게 올려 다들 고객의 반응을 보는 데 집중하고 있다. 네이버에서 상위 노출을 하기 위해서는 네이버 검색 알고리즘이 어떻게 변화했는지 알아보면 다음과 같다.

2012년 리브라의 도입이다. 2012~2013년 네이버의 검색 엔진 알고리즘 리브라 시절에는 45~60일 동안 매일매일 글을 쓰면 최적화 블로그가 되어 상위 노출이 가능하던 시기였다.

2016년 C-Rank는 특정 주제에 대해 전문성 있는 컨텐츠를 지속적으로 작성하면 상위 노출을 시켜주던 시기다. 이 시기 파워블로거들이 많이 사라지고 전문성 있는 블로거들이 사용자들에게 원하는 정보를 주면서 상위 노출이 되었다. 하지만 C-Rank의 문제점은 블로그 자체가 좋지 않아도 그저 전문성 있는 컨텐츠 몇 개만 있으면 상위 노출이 가능했고, 일상을 담은 블로그들은 전문성이 없다고 판단해 상위 노출이 되지 않기 시작했다. 네이버 검색 공식 홈페이지에서 알려주는 C-Rank 로직 적용 방식은 다음과 같다.

블로그 검색 로직

항목	설명
BLOG Collection	블로그 문서의 제목 및 본문, 이미지, 링크 등 문서를 구성하는 기본 정보를 참고해 문서의 기본 품질을 계산
네이버 DB	인물, 영화 정보 등 네이버에서 보유한 콘텐츠 DB를 연동해 출처 및 문서의 신뢰도를 계산
Search LOG	네이버 검색 이용자의 검색 로그 데이터를 이용해 문서 및 문서 출처의 인기도를 계산
Chain Score	웹문서, 사이트, 뉴스 등 다른 출처에서의 관심 정도를 이용해 신뢰도와 인기도를 계산
BLOG Activity	블로그 서비스에서의 활동 지표를 참고해 얼마나 활발한 활동이 있는 블로그인지를 계산
BLOG Editor 주제 점수	딥러닝 기술을 이용해 문서의 주제를 분류하고, 그 주제에 얼마나 집중하고 있는지 계산

* C-Rank에서 참고하는 항목들은 알고리즘 개선을 위해 계속 변경 적용됩니다.

출처 : 네이버

2018년 다이아 로직은 C-Rank를 보완하기 위해 도입되었다. 다이아 로직은 다양한 요소가 반영되는데, C-Rank의 정보성에은 작성자의 경험이 반영된 글과 이에 대한 사용자들의 반응이 가장 중요한 요인으로 작용하게 된다. 즉, 전문성 있는 글과 작성자의 경험이 반영된 글들을 상위 노출 시켜주겠다는 알고

공인중개사의 중개업 마케팅에 관한 모든 것

리즘으로 다이아 로직에 반영되는 요인은 문서의 적합도, 경험 정보, 정보의 충실성, 문서의 의도, 상대적인 어뷰징 척도, 독창성, 적시성으로 현재 네이버는 C-Rank와 다이아 로직 알고리즘 모두를 도입해 사용하고 있다. 즉, 지속적인 상위 노출을 위해서는 꾸준하게 주제에 맞는 오랫동안 읽을 수 있는 좋은 글을 작성해야 한다는 것이다.

부동산 관련 블로그의 경우 관련 정보를 집중적으로 제공하며 운영할 때 상위 노출의 기회를 가질 수 있으며, 주제를 벗어나는 콘텐츠는 어뷰징으로 인식되기 때문에 한 블로그에 작성하지 않는 것이 상위 노출에 유리하며, 내 주제와 관련된 콘텐츠에 다양한 세부 키워드를 접목해 운영하는 것이 그 어느 때보다 중요해졌다.

블로그 글쓰기 5가지 팁

SNS는 이미지와 글쓰기, 그리고 동영상을 어떻게 잘 조합해서 만들것인지 고민해야 한다. 먼저 블로그를 시작하는 데 앞서 글쓰기를 힘들어하는 분들이 많은데, 블로그는 좋은 글이 상위 노출의 핵심이기 때문에 많은 노력이 필요하다는 점을 기억하자. 좋은 글을 쓰기 위해 다음과 같은 주제로 글쓰기를 해보자.

첫째, 주변에서 일어나는 일을 이야기하듯이 글로 표현해보자. 블로그를 처음 만들었을 때는 누구나 볼품이 없다고 생각해 노출을 꺼려하는 것이 일반적이다. 하지만 중개사무소의 경우 손님과 상담하는 내용들을 글로써 표현한다고 생각하면서 스토리텔링 형식으로 기록해보자. 처음 시작하는 블로그는 노출이 잘되지 않으므로 '시작이 반이다'라는 생각으로 용기를 가지고 자기의 다양한 일상을 주제로 만들어보자.

둘째, 이미지와 글만으로 인터넷 글쓰기를 연습하자. 글자 수가 많은 것이 블로그 상위 노출의 방법이기는 하지만 처음 블로그를 시작할 때 글쓰기에 대한 두려움을 없애기 위해서 이미지와 짧은 글쓰기 연습을 하겠다는 마음으로 접근해보자.

셋째, 글쓰기는 진심을 담아야 한다. 블로그는 진정성을 통해 고객의 신임을 얻는 것이 중요하다. 그러므로 진정성 확보와 정확한 정보를 알릴 수 있는 블로그의 역할이 중요하다. 중개업소에 매물이 접수되는 경우 꼭 현장 확인을 하고 포스팅을 하는 것이 고객에게 현장의 모습을 진실하게 보여줄 수 있으므로 현장 임장은 필수적이다.

넷째, 신문 기사나 책을 많이 읽어야 한다. 신문 기사를 읽으면서 글쓰기 요령도 배울 수 있고, 그날그날의 시사성을 얻을 수 있으니 글쓰기가 힘든 경우 필사 연습을 해보는 것도 권한다.

다섯째, 한 주의 포스팅 계획을 세우자. 일단 블로그는 매일 포스팅하는 것이 초기에는 중요할 것이지만, 매일 포스팅을 하다 보면 '오늘은 무엇을 적을까?' 하는 고민을 하게 된다. 한 주의 블로그 포스팅 계획을 세워서 월요일은 매물 정보, 화요일은 시사, 수요일은 매물이나 일상, 목요일은 부동산 정보, 금요일은 여행 등 요일별로 주제를 정해서 포스팅하는 것도 좋은 방법이다.

블로그 포스팅 자료 구하는 법

블로그 글로는 홍보성 판매를 유도하는 글은 적절하지 않으며 일상적인 소재와 주변에서 일어난 특이한 일, 특별한 장소, 이벤트나 행사 등을 글쓰기 재료로 사용할 수 있다. 하지만 특별한 일은 매번 일어나기 힘들고 그렇다고 매일 일어나는 일상을 올리자니 무의미한 내용으로 채워질 수 있어 글쓰기 재료를 찾는 것이 마냥 쉽지만은 않다.

다음과 같은 글쓰기 소재를 고민해보는 건 어떨까?

첫째, 내 사무실 일상

둘째, 전문 분야 신문 기사

셋째, 내 중개사무소가 있는 지역의 맛집, 명소 등의 지역 정보

넷째, 부동산 관련 법률, 판례, 세무 등에 대한 공적인 기관의 자료 활용하기

다섯째, 취미 관련 맛집 스토리, 요리, 제품 리뷰, 영화 리뷰, 책 리뷰, 건강, 여행

여섯째, 각종 매물 정보, 지역 아파트에 대한 정보, 상가 관련 정보 등

정보성 콘텐츠를 운영하라

블로그를 처음 접한 사람들 중 매물을 올리기 바쁜 분들을 많이 보게 된다. 물론 중개업의 경우 블로그를 매물을 올리는 홍보의 장으로 이용해야 하는 것은 사실이지만 홍보성의 콘텐츠 위주로 운영하기보다는 정보형 콘텐츠로 알차게 채워나가는 것도 간접적으로 매물을 알리는 데 효과가 있다. 정보형 콘텐츠의 경

우는 직접적으로 매물을 홍보하는 것이 아니라 아파트 단지 소개, 그리고 내가 일하는 지역의 정보를 글로써 홍보하는 것이다. 그 지역의 문화센터 프로그램이라든지, 주민센터에서 주민들에게 알리는 내용을 포스팅하다 보면 내 중개사무소를 알릴 뿐만 아니라 그 지역 홍보대사의 역할도 할 수 있다.

저자는 부산 사상구 서포터즈로 4년간 활동한 적이 있는데, 이 활동이 엄궁 한신부동산을 홍보하는 데 큰 역할을 했고, 덕분에 알아보는 사람들이 꽤 생겨서 매물을 소개해달라는 분들도 생겼다.

그리고 제품 리뷰를 해보는 것도 좋다. 요즘은 블로그나 유튜브를 통해서 제품을 리뷰하는 포스팅을 많이 볼 수 있다. 해당 제품과 비슷한 주변의 제품들을 모아 비교 체험을 올리기도 하고, 제품 개봉부터 직접 사용한 후기까지 모든 과정과 느낌을 글로 만들어내는 것이다. 우리 부동산과 관련이 없는 것 아니냐고 생각도 하겠지만 고객이 어떤 글을 보고 내 블로그로 들어올지는 아무도 모르는 것이고, 들어온 고객이 내 블로그 포스팅을 쭉 구경하게 되고, '여기에 좋은 정보들이 많구나!' 하는 생각이 들면 이 고객은 앞으로 나의 진성 고객이 될 수도 있다.

이렇게 운영하는 정보형 콘텐츠는 방문자의 신뢰도를 이끌어낼 수 있고 이는 페이지뷰, 재 방문 수, 블로그 체류 시간으로 이어져서 블로그 지수를 높일 수 있다. 정보형 콘텐츠의 경우는 고객을 원하는 곳으로 유입시키는 작용을 하므로 정보의 진실성이 높을수록 유입률도 높아지는 것이다. 홍보성 콘텐츠는 상업적인 광고를 하는 경우가 많은데 상업적인 광고를 네이버에서

공인중개사의 중개업 마케팅에 관한 모든 것

막는 것은 아니지만 광고를 보면서 소통하고 싶어 하는 고객들은 없을 것이다. 블로그를 소통하는 공간으로 만들 때 고객들도 더 좋아하게 되고, 블로그 활성화와 마케팅의 목적을 동시에 달성하는 효과를 볼 것이다.

사진 잘 찍는 방법

요즘은 어디를 가나 스마트폰을 이용해서 여기저기 사진을 찍는 사람들이 많아지고 있다. 우리는 사진 찍기에 최적의 기능을 가진 스마트폰의 기능을 얼마나 알고 있을까? 블로그에 올린 이미지가 매물의 첫 인상이되므로 그냥 무턱대고 사진을 찍기 위해 스마트폰 카메라를 열 것이 아니라 조금이라도 그 기능을 알고 찍는다면 고객에게 더 호감을 주는 매물 사진이 나올 것이다.

스마트폰 카메라의 여러 기능

출처 : 저자 제공

먼저, 스마트폰 카메라에서 사진, 동영상으로 커서를 두고 찍기보다는 음식은 음식을 찍는 렌즈로, 멋진 경치나 넓은 사무실의 경우 파노라마로, 야간에는 야간 모드에 두고 찍는다. 단 한 번의 촬영으로 베스트 사진과 동영상을 남겨주는 AI 카메라 기능으로 카메라를 싱글 테이크 모드로 두고 촬영 버튼을 한 번만 누르고 있으면 초

광각, 라이브 포커스, 타임랩스, 부메랑 등 다양한 렌즈와 기능을 활용해 여러 개의 사진과 동영상을 촬영하는 것이 가능하다. 인물은 인물사진 찍는 곳에서, 슬로우모션은 슈퍼 슬로우모션에서 등 숨겨져 있는 다양한 기능 등을 활용해 사진을 찍어보자.

이 외에도 사진을 잘 찍기 위해서는 첫째, 사진을 찍을 때는 내 스마트폰 렌즈 상태를 확인해보자. 스마트폰은 전화도 받고, 검색도 하면서 잦은 오염에 노출되어 있으므로 일단 깨끗한 사진을 찍으려면 렌즈를 잘 닦고 찍는 습관을 들여야 한다. 이물질이 묻은 렌즈로 사진을 찍으면 빛이 번져 보이거나 선명하게 찍히지 않으므로 꼭 촬영 전에는 렌즈를 부드러운 천이나 렌즈 닦는 전용 천을 사용해서 잘 닦아 사용하자.

스마트폰 카메라 설정

출처 : 저자 제공

둘째, 수평과 수직을 맞추고 사진을 찍어보자. 스마트폰 카메라 설정에서 수평, 수직 맞추기를 설정해두고 매물을 수평에 맞추어 찍어보면 보는 사람으로 하여금 안정감이 있고 보기에도 좋은 사진을 건질 수 있다. 사진 촬영에 있어 수평, 수직을 기본 요소로 보는 사람들이 많기 때문에 안정감과 구도의 완성

위치 태그는 거리에서 매물이나 사물을 찍은 장소를 알려준다.

감을 위해서는 필수적이다.

셋째, 매물에 초점을 맞추어서 찍어보자. 스마트폰 카메라 기능에 초점을 맞추는 기능과 보정을 하는 기능이 있다. 손으로 터치만 하면 피사체에 초점을 맞추어서 찍을 수 있으며, 옆에 밝기를 조절하는 바를 맞추어서 찍어주면 노출도 보정할 수 있어 좋다.

넷째, 사진 보정 어플을 이용해보자. 스마트폰 앱 중에는 사진의 보정작업을 다양하게 할 수 있는 앱이 많다. 대표적인 보정 프로그램으로는 포토디렉트(필터와 프레임이 풍부해 막 찍어도 인생 사진이 되는 앱), 유라이크(Ulike, 필터의 종류가 많아 인물 촬영, 물건 촬영 모두에 사용되지만 특히 인물 사진에 효과적), 푸디(음식을 맛있게 찍을 수 있는 카메라 앱), 소다(부드럽고 밝은 필터가 다양한 카메라 앱), 스노우(셀카에 특화된 필터, 풍경, 복고풍 필터 등 인물 촬영과 물건 사진 모두에 적합한 앱) 등이 있다.

다양한 사진 보정 스마트폰 앱

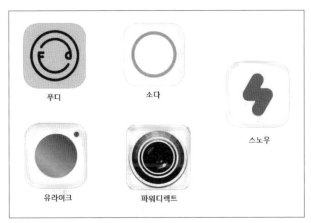

출처 : 저자 제공

다섯째, 구도에 맞추어 찍어보자. 구도의 3요소는 선(곡선은 부드러움을 주고 직선은 힘을 준다), 모양(또는 형태, 규칙적인 형태의 반복은 사진에 리듬을 준다), 명암(사진에 입체감을 준다)이다. 이처럼 좋은 구도란 선, 모양(형태), 명암 등이 적절한 크기로 적절한 자리에 배치되어 균형감을 느끼게 하는 것이다. 사진의 구도를 잡는 데 가장 기본적으로 쓰이는 3분할 구도는 화면을 같은 비율로 가로로 세 번 나누고, 세로로도 같은 비율로 세 번 나눈 것을 의미한다.

사진 잘 찍는 구도

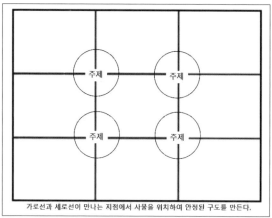

가로선과 세로선이 만나는 지점에서 사물을 위치하여 안정된 구도를 만든다.

출처 : 저자 제공

3분할 기능에서 격자 모양의 선을 두고 중앙이 좋으며 주제를 부각시킬 때는 그 교차점에 위치하게 하고 대칭과 구도를 맞춘다.

여섯째, HDR 기능을 이용해서 사진을 찍어보자. HDR은 역광 보정을 위한 촬영 기능으로 밝은 부분의 영상이 손상되는 것을 방지하면서 어두운 부분의 밝기를 높여줘 어두운 장소에서도 효과적인 촬영을 할 수 있는 기능이다. 즉, 기존 DR을 더 넓게 확장시켜 가장 어두운 부분과 가장 밝은 부분의 차이를 보정해주는 것으로 너무 어두운 부분은 조금 밝게 조절해주고, 너무 밝은 부분은 조금 어둡게 조절해주는 스마트폰의 자체적 기능으로, 스스로 찾아서 조절해주는 기능이라고 보면 된다. 어두운 집의 사진을 찍을 때나 햇살이 너무 많은 집을 찍을 때 유용한 기능이다.

| 실전 Tip ① | 네이버 블로그가 좋아하는 블로그는?
- 다이아 로직에 맞는 글쓰기

출처의 신뢰도를 검색 결과 랭킹에 반영하는 C-Rank를 보완하기 위해 네이버에서는 다이아로직을 활용한다. 다이아 로직이란 네이버의 빅데이터를 기반으로 키워드 별로 사용자들이 선호하는 문서들에 대한 점수를 랭킹에 반영하는 방식이다. 네이버 블로그가 좋아하는 글은 다음과 같다.

· 독자가 읽을 만한 읽기 쉽고 재미있는 글을 좋아한다.
· 독자에게 도움이 될만한 현실적인 글을 좋아한다.
· 유익하고 유용한 정보를 주는 독자에게 가치가 있는 글을 좋아한다.
· 독자가 궁금해하는 문제점에 대한 솔직한 경험과 구체적인 해결책이 담긴 글을 좋아한다.

| 실전 Tip ② | C-Rank 최적화하는 방법

· 포스팅을 꾸준하게 작성한다.
· 단순 홍보성이 아닌 '정보성 콘텐츠'로 글을 쓴다.
· 자신의 실제 일상과 정보를 자연스럽게 스토리텔링 형식으로 쓴다.
· 블로그를 저품질에 빠지지 않게 한다.
   예 – '이슈'에 대한 글을 쓰지 않는다.
      – 맛집, 병원, 대출, 교육에 대한 콘텐츠도 의심받을 수 있으므로 포스팅
        하지 않는다.
      – 베스트, 최고, 최상, 공짜 등의 상업적인 키워드는 사용하지 않는다.

네이버가 좋아하는 문서는 다음과 같다.
· 신뢰할 수 있는 정보를 기반으로 작성한 문서
· 물품이나 장소 등에 대해 자신이 직접 경험해 작성한 후기 문서
· 다른 문서를 짜깁기하지 않고 독자적인 정보로서의 가치를 가진 문서
· 해당 주제에 대해 도움이 될 만한 충분한 길이의 정보와 분석 내용을 포함한
  문서
· 읽는 사람이 북마크하고 싶고 친구에게 공유 또는 추천하고 싶은 문서
· 네이버 랭킹 로직을 생각하며 작성한 글이 아닌 글을 읽는 사람을 생각하며
  작성한 문서
· 글을 읽는 사용자가 쉽게 읽고 이해할 수 있게 한 문서

04 PC에서 블로그 운영하기

PC에서 블로그 관리의 기본적인 메뉴들의 세팅을 마쳤으면 이제 본격적으로 내 메뉴 → 글쓰기 창을 열어 글쓰기 도구들의 쓰임에 대해 알아보자. 먼저, 제목은 최대 100자까지 입력할 수 있고, 제목 텍스트를 클릭하거나 블록을 선택한 뒤, 속성 도구 막대에서 서체, 글자 크기, 정렬 등의 서식을 변경할 수 있다. 마우스 커서를 제목 영역 위로 이동하면, 제목 영역의 우측 상단에 배경 사진을 입력할 수 있는 '사진' 버튼이 노출되며 버튼 클릭 후 업로드할 이미지 파일을 선택하면, 제목 영역에 사진이 입력된다.

기본 도구 막대

블로그 글쓰기 기본 막대

사진	SNS 사진	동영상	스티커	인용구	구분선	장소	링크	파일	일정	소스코드	표	수식

출처 : 저자 제공

문서를 작성하고 꾸밀 수 있는 다양한 기능을 모아놓은 막대로 기본 도구 막대의 각 기능 버튼을 선택하면, 작성 중인 글에 이미 첨부된 요소를 편집하거나 새로운 요소를 추가할 수 있는 창이 열린다.

· 동영상 첨부

동영상 업로드 가능 개수는 최대 10개, 업로드 용량은 최대 4GB이고, 확장자는 AVI, WMV, MPG, MPEG, MOV, MKV, ASF, SKM, K3G, FLV, MP4, 3GP, WEBM 형식으로 업로드 하면 된다. 내 컴퓨터에 있는 동영상을 첨부할 경우 대표 이미지 및 동영상 정보를 입력한 후 '완료' 버튼을 눌러 업로드하면 된다. 동영상에 정보를 입력할 수 있는 기능이 추가되어 동영상 첨부 시 제목과 내용, 태그 등의 정보를 자세히 입력, 입력한 정보가 검색 결과에 반영되어 더 많은 사용자가 내 글과 동영상을 조회할 수 있게 되었다.

· 구분선 첨부

기본 도구 막대 '구분선' 메뉴의 우측 작은 삼각형 아이콘을 선택하면, 문서에 구분선을 추가하기 전, 구분선의 종류와 디자인을 미리 보고 선택할 수 있다.

· 인용구 첨부

인용구의 글자 크기, 스타일, 색을 변경할 수 있는 기능과 출처 정보를 입력할 수 있는 기능이 추가되었다. 인용구 메뉴 옆 작은 삼각형을 선택하면 인용구 종류가 표시되며 디자인을 미리 보고 선택할 수 있으며, 또한 인용구에도 '배열' 기능을 사용할 수 있어 인용구 배열 기능을 사용하면 텍스트가 인용구 주변

공인중개사의 중개업 마케팅에 관한 모든 것

으로 흐르면서 표시된다.

· 장소 첨부

하나의 지도에 여러 장소를 표시할 수 있는 멀티 장소 첨부 기능이 추가되었다. 가까운 지역 내에서 이동한 코스나, 맛집, 핫 플레이스 등을 모아서 한 번에 표시할 수 있다. 혹 검색 결과가 없거나 지도 위에 장소를 직접 표시하는 경우, 하단의 '지도에 직접 표시' 버튼을 눌러 지도에 위치를 직접 선택한 후 장소를 입력할 수 있다.

· 스티커

본문에 추가할 수 있는 다양한 캐릭터 스티커가 제공되며, 우측 사이드 메뉴에 표시되어 드래그&드랍으로 본문에 바로 추가할 수 있다. 네이버 OGQ마켓에서 유·무료 스티커를 구입할 수 있다.

· 링크 및 외부링크 첨부

링크 기능을 사용하거나 글 작성 중 URL 주소를 입력하면, 연결된 주소의 웹페이지 형식에 맞는 링크 내용이 표시된다. 외부 링크 지원이 새롭게 업그레이드되었다. 외부 링크는 외부 사이트의 글이나 이미지, 동영상 콘텐츠의 형태 그대로 문서에 첨부할 수 있는 기능으로 외부 링크 기능을 지원하는 URL 주소를 본문에 입력하면, 연결된 주소의 웹페이지 형식에 맞는 링크 이미지가 자동으로 입력되며, 단 외부 사이트 타입에 따라 표시되는 형식이 다를 수 있다.

· 파일 첨부

업로드가 가능한 개수는 최대 20개, 업로드 용량은 파일 당 10MB이다. 단, 저작권 침해 혹은 악성코드에 해당하는 첨부 파일은 다른 사용자에게 노출되지 않는다.

· 일정 추가

일정 제목, 날짜·시간, 장소, URL, 내용 등을 등록할 수 있으며, 주기적으로 진행하는 이벤트가 있다면 정기 일정으로 매주, 격주, 매월 단위로 이벤트 일정을 설정할 수 있다. 그리고 일정에 공지를 추가할 수 있으며, 사전 접수, 모집 기간, 판매 기간 등과 같이 이벤트 날짜와 별도로 표시해야 하는 기간에는 입력한 뱃지 노출 종료일 전에 노출을 중단해야 하는 경우, '공지 종료'에 체크하면, 뱃지의 내용이 즉시 변경된다.

· 표 만들기

표를 선택해서 클릭하면 문서 영역에 3×3 표가 생성되며, 다양한 모양으로 편집할 수 있다. 새롭게 업그레이드된 기능으로 표 내부에 사진 첨부가 가능해져서 사진을 넣을 셀을 선택해 커서를 활성화한 후, 기본 도구 막대의 '사진' 버튼을 눌러서 사진 파일을 첨부하면 셀에 사진이 추가된다.

공인중개사의 중개업 마케팅에 관한 모든 것

블로그 글쓰기 표 기능

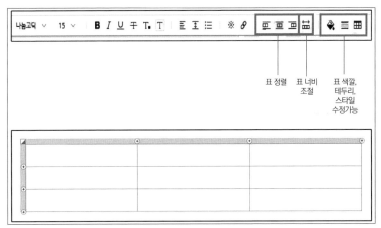

출처 : 저자 제공

표 행/열 수정 가능

표 좌측과 상단의 '+' 버튼을 선택하면 행과 열이 추가되고, 선을 움직여 셀 크기를 조절할 수 있고, 셀을 합치거나 분할 하고자 하는 셀 영역을 드래그해서 블록을 선택한 후 표시되는 컨텍스트 메뉴에서 병합/분할 기능을 선택한다. 이 기능은 PC화면에서만 가능하다.

블로그 글쓰기 표 만들기

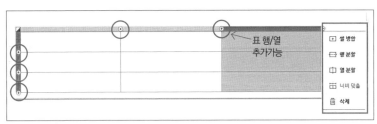

출처 : 저자 제공

· 네이버 톡톡 배너를 내 글에 추가하고, 방문자들과 대화할 수 있다. 네이버 톡톡 대화창을 추가하기 위해서는 네이버 톡톡 파트너센터에서 네이버 톡톡 계정을 만들어야 한다.

· 속성 도구 막대

문서에 입력한 텍스트, 사진, 동영상, 구분선, 인용구 등의 서식이나 옵션을 편집할 수 있는 기능을 모아놓은 막대로 텍스트의 서식을 편집할 수 있는 다양한 기능을 제공하고 있다.

- · 글꼴
- · 크기
- · 스타일(볼드 / 기울임 / 밑줄 / 취소선)
- · 색(글자색 / 글자 배경색)
- · 정렬(왼쪽 / 중앙 / 오른쪽 / 양끝)
- · 자간/드롭캡/윗첨자/아랫첨자
- · 특수 문자
- · 링크
- · 맞춤법 검사

블로그 글쓰기 속성 도구 막대

| 본문 ∨ | 마루부리 ∨ | 16 ∨ | **B** *I* U̲ T̄ T. T | 三 亖 三 | T¹ T₁ ※ 𝒫 | Aa 맞춤법 |

출처 : 저자 제공

속성 도구 막대에서 글 입력 전 텍스트 유형(소제목, 본문, 인용구)을 미리 지정하거나, 이미 입력된 글자를 블록 선택해 다른 텍스트 유형으로 빠르게 변경할 수 있다.

· 사이드 패널

내 모먼트, 글감 검색, 라이브러리, 템플릿 기능이 글 작성을 방해하지 않는 화면 우측 패널로 이동되어 있다. 우측 패널 창은 글 작성 중에도 항상 열어둘 수 있으며, 우측 패널에 노출되는 항목들은 모두 클릭이나 드래그&드랍으로 문서의 원하는 위치에 첨부할 수 있다.

블로그 글쓰기 사이드 패널

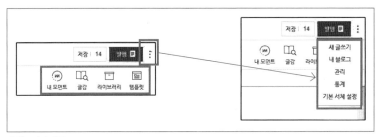

출처 : 저자 제공

· 내 모먼트

모먼트는 블로그 앱에서 만들 수 있는 숏폼 동영상으로, 동영상과 사진으로 일상, 정보, 리뷰 등 다양한 내용을 기록할 수 있으며, 모먼트 요소를 클릭하면 내가 만든 모먼트가 최신순으로 나오며 원하는 모먼트를 선택하면 블로그 본문에 삽입된다.

· 글감 검색 또는 추가 가능

사진 검색과 글감 검색이 '검색' 기능으로 통합되어 글 작성을 방해하지 않는 우측 패널에서 필요한 사진과 글감을 검색하고, 마우스 클릭 또는 드래그&드랍으로 문서의 원하는 위치에 첨부할 수 있고, 글감(사진, 책, 영화, TV, 음악, 쇼핑, 뉴스) 추가의 방법은 검색으로 찾은 결과를 클릭하거나 드래그&드랍해서 원하는 위치에 첨부한다.

· 라이브러리

글 작성에 사용되는 첨부 요소들을 관리할 수 있는 사이드 패널로 현재 문서에 첨부되어 있는 요소와 구입한 유료 아이템을 표시한다. 현재 문서 라이브러리는 작성 중인 문서에 첨부한 사진, 동영상, 오디오, 장소 등의 모든 첨부 요소를 보관 가능하며, 실수로 문서의 첨부 요소를 삭제한 경우에도, 라이브러리에 기록된 첨부 요소는 삭제되지 않고. 필요한 경우 라이브러리에 남아 있는 첨부 요소를 드래그&드랍해 재첨부할 수 있다. 구매목록 라이브러리는 검색 기능의 '사진' 메뉴를 통해 유료로 구매한 사진을 보관하는 기능으로 한 번 구매한 사진은 영구적으로 보관되어 스마트 에디터를 사용하는 서비스라면 언제 어디서나 재사용할 수 있다.

· 템플릿으로 글쓰기

미리 작성된 문서 예제를 불러올 수 있는 기능으로 불러온 템플릿을 텍스트만 바꿔 사용하거나, 내 취향에 맞게 재편집하면

공인중개사의 중개업 마케팅에 관한 모든 것

더욱 빠르고 쉽게 글을 작성할 수 있다.

· 추천 템플릿

글과 사진을 포함한 완성된 문서 전체가 제공되며, 문서에 입력 중인 내용이 있는 경우, 작성 중인 글은 자동으로 임시 저장되며 선택한 템플릿으로 문서가 변경된다.

· 부분 템플릿 신규

작성 중인 글에 부분적으로 추가할 수 있는 미리 작성된 문단이 제공되며, 사용할 템플릿을 클릭하거나 드래그&드랍으로 문서의 원하는 위치에 첨부한 뒤, 내용을 수정해 사용할 수 있다.

· 내 템플릿

내가 만든 문서를 템플릿처럼 저장하고 언제든지 다시 불러올 수 있는 기능으로 우측 패널에서 '내 템플릿' 메뉴를 선택한 뒤, 상단의 '+현재 글 추가'' 버튼을 선택하면, 현재 작성 중인 글이 내 템플릿으로 저장된다. 내 템플릿의 사용 방법은 추천 템플릿과 같다.

블로그 글쓰기 템플릿

출처 : 저자 제공

· 컨텍스트 메뉴

 텍스트를 블록 선택하거나 문서의 첨부 요소를 선택하면, 선택한 첨부 요소 위에 가장 많이 사용되는 속성 도구 막대의 메뉴들이 노출되는 컨텍스트 메뉴를 사용하면 화면 상단의 속성 도구 막대를 사용하지 않고도 빠르게 편집할 수 있다.

블로그 글쓰기 컨텍스트 메뉴

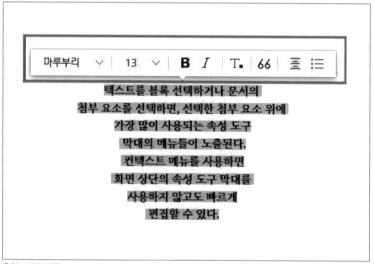

출처 : 저자 제공

· 인서트 메뉴

 커서가 있는 곳 또는 선택 중인 항목 좌측에 '+' 버튼이 노출된다. '+' 버튼을 선택하면, 현재 커서가 있는 위치에 사진, 스티커, 구분선, 인용구를 즉시 입력할 수 있는 인서트 메뉴가 나타나 편리하게 사용할 수 있다.

블로그 글쓰기 인서트 메뉴

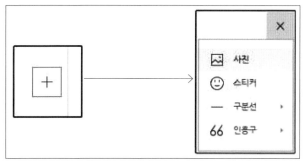

출처 : 저자 제공

· 모바일 화면 미리보기

PC에서 작성 중인 문서가 모바일 또는 태블릿 화면에서 어떻게 보이는지 확인할 수 있다. 화면 우측 하단 물음표 버튼 위의 '기기' 아이콘을 클릭할 때마다, PC〉Mobile〉Tablet 순서로 화면이 변경되므로 미리보기 기능을 사용하면, PC에서도 모바일 환경에 적합한 글을 작성할 수 있다.

블로그 글쓰기 화면

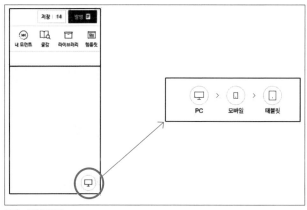

출처 : 저자 제공

· 스마트 에디터 단축키

스마트 에디터에서는 쉽고 빠르게 문서를 편집할 수 있도록
다양한 키보드 단축키를 지원하고 있다.

스마트 에디터 단축키

편집기능

기능	단축키
이동	↑ / ↓ / ← / →
선택취소	ESC
삭제	Delete, Backspace
현재 행 맨앞으로 커서 이동	Home
현재 행 맨 뒤로 커서 이동	End
위로 스크롤	Page Up
아래로 스크롤	Page Down
선택	Shift + ↑ / ↓ / ← / →
실행취소	Ctrl+Z
다시실행	Ctrl+Y

기능	단축키
전체선택	Ctrl+A
복사	Ctrl+C
붙여넣기	Ctrl+V
잘라내기	Ctrl+X
텍스트 굵게	Ctrl+B
텍스트 이탤릭체	Ctrl+I
텍스트 밑줄	Ctrl+U
텍스트 취소선	Ctrl+Shift+S
아래 첨자	Ctrl+Shift+Y
위 첨자	Ctrl+Shift+U
왼쪽 정렬	Ctrl+Alt+L
중앙 정렬	Ctrl+Alt+C
오른쪽 정렬	Ctrl+Alt+R
임시 저장	Ctrl+Shift+S

첨부기능

기능	단축키
줄바꿈	Enter
사진첨부	Ctrl+Alt+I
스티커	Ctrl+Alt+K
구분선	Ctrl+Alt+H
인용구	Ctrl+Alt+Q
동영상	Ctrl+Alt+M
글감 검색 열기	Ctrl+Alt+S
템플릿 목록 열기	Ctrl+Alt+T

커서 이동

기능	단축키
줄 끝으로 이동	Home / End
단어 단위 커서 이동	Ctrl+방향키
단어 단위 블럭 지정	Ctrl+Shfit+방향키

출처 : 저자 제공

공인중개사의 중개업 마케팅에 관한 모든 것

이미지 첨부하기

업로드 가능한 개수는 최대 50장, 최대 용량은 100MB로 JPG, JPEG, PNG, GIF 확장자를 사용할 수 있다. 사진 첨부 버튼을 입력하면 기본 도구 막대의 '사진' 또는 'SNS 사진'을 선택한 뒤, 업로드할 이미지 파일을 선택해 문서에 사진을 첨부할 수 있으며 SNS 사진의 경우, 각 서비스와의 연동을 위해 로그인이 필요하다. 교체 또는 삭제도 가능하며, 360VR 카메라로 촬영된 사진을 첨부할 수 있고, 360VR로 촬영된 사진은 우측 상단에 360VR 이미지 로고가 표시되며 문서를 발행한 뒤 360VR 사진의 동작을 확인할 수 있으며 단 360VR 사진은 배열, 크기 조절 기능을 사용할 수 없다. 가로로 너비가 긴 파노라마 사진을 첨부할 수 있으며, 파노라마 사진은 우측 상단에 360VR 이미지 로고가 표시되며, 사진 좌측 하단의 ON·OFF 버튼으로 파노라마 이미지를 일반이미지로 전환할 수 있다.

블로그 글쓰기 이미지 첨부하기

파노라마 사진

출처 : 저자 제공

· 이미지 편집 기능

사진 크기 변경 모든 사진 적용 항목에 체크 하면, 입력한 크기 값이 문서의 모든 사진에 적용된다. 사진 크기 조정 시, 원본 사진의 비율을 변경할 수 없으며 원본 사진 비율의 변경이 필요한 경우, 포토에디터의 '자르기' 기능을 사용할 수 있다.

블로그 글쓰기 이미지 편집

출처 : 저자 제공

· 사진 정렬

사진을 선택하면 속성 도구 막대 또는 컨텍스트 메뉴에 사진 정렬 옵션(좌측 정렬, 중앙 정렬, 우측 정렬, 양끝 정렬)이 노출된다.

블로그 글쓰기 사진 정렬

출처 : 저자 제공

공인중개사의 중개업 마케팅에 관한 모든 것

사진 너비 조절은 문서 이하 너비는 사진 너비가 문서 너비보다 작은 것이고, 문서 너비는 사진 너비가 문서 너비와 동일한 것이다. 옆트임은 사진 너비가 문서 너비보다 조금 더 큰 이미지를 말한다.

블로그 글쓰기 이미지 중앙 정렬

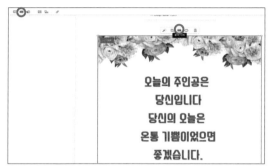

출처 : 저자 제공

사진에 링크를 입력하는 방법은, 사진을 선택한 뒤 속성 도구막대에서 '링크' 버튼을 선택 → 링크 입력창에 URL 주소를 입력하고, '확인' 버튼을 선택 → 링크 삭제 시, 링크 입력창에 입력한 URL 주소를 삭제하고, '확인' 버튼을 선택한다.

이미지에 링크 거는 방법

출처 : 저자 제공

이미지에 전화 연결하기

출처 : 저자 제공

대표 사진은 섬네일을 말하는데, 검색 시에 가장 먼저 보이는 사진으로 게시글 내용이 잘 들어가 있는 이미지 또는 동영상을 만들어 사용하는 경우가 많다. 대표 사진을 선택하는 방법은 사진을 선택하면, 사진 상단에 '대표' 버튼이 표시되는데, 이를 선택해 버튼이 초록색으로 바뀌면, 선택한 사진이 대표 사진으로 설정된다(대표로 지정한 사진은 검색 결과에 노출되는 이미지로, 문서 내 여러 이미지·동영상 중 한 장만 선택할 수 있다).

이미지 정렬 및 제목 입력

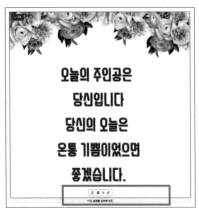

출처 : 저자 제공

사진 캡션 기능을 사용해 사진 선택 시 하단에 노출되는 '사진 설명을 입력하세요'를 선택하면, 사진에 설명을 입력할 수 있으며, 화면 상단의 속성 도구 막대에서 진하게, 특수 문자, 링크, 정렬 등의 텍스트 서식도 변경할 수 있다.

·포토에디터의 기능

스마트에디터는 자르기부터 보정, 필터, 스티커, 서명 등 사진 편집과 꾸미기를 위한 다양한 기능을 담은 포토에디터를 제공하고 있으며, 포토에디터를 사용하면 외부 프로그램의 도움 없이 클릭 몇 번만으로 전문가 수준의 사진 편집이 가능하다.

블로그 글쓰기 포토에디터

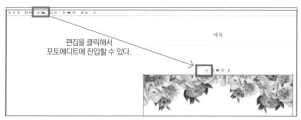

출처 : 저자 제공

·**크기 수정** : 원하는 가로 너비를 선택해 사진의 크기를 변경하거나, '직접 입력' 버튼을 선택해 변경할 크기를 자유롭게 입력할 수 있으며, 문서의 모든 사진 크기를 한 번에 변경할 수도 있다.

블로그 포토에디터에서 크기 수정과 자르기, 회전의 방법

출처 : 포토에디터

· **자르기** : 비율을 선택해 사진을 자르거나, '자유' 버튼을 선택해 잘라낼 사진의 크기를 자유롭게 입력할 수 있으며, 사진 모서리를 드래그해 자를 범위를 지정하고, 사진을 드래그해 보여질 부분을 조정할 수 있다.

· **회전** : 사진 우측의 각도기를 드래그해 사진을 기울이거나 수평으로 맞출 수 있으며, 각도계의 '자동' 버튼을 선택하면 사진의 수평을 자동으로 맞출 수 있다.

· **필터** : 다양한 색감의 컬러 필터와, 빛 망울 효과인 보케 필터, 필름 스타일의 필터가 제공되어 사진을 더욱 분위기 있게 표현할 수 있다.

   – 원하는 필터를 선택하면, 사진에 필터가 적용되며, 사진을 누르면 원본 이미지와 비교할 수 있다.

   – 필터 목록 하단의 투명도 슬라이드 바를 조절하면, 필터의

포토에디터 필터 수정

출처 : 포토에디터

공인중개사의 중개업 마케팅에 관한 모든 것

투명도를 조절할 수 있으며, 투명도를 조절해 사진에 적용된 필터의 강도를 조정할 수 있다.

  - 투명도 슬라이드바 좌측의 '별' 아이콘을 누르면, 자주 쓰는 필터를 필터 목록의 맨 앞에 즐겨찾기로 등록할 수 있다.

· **보정** : 밝기, 채도, 대비 등 다양한 사진 보정 기능을 활용해 전문가 수준의 사진을 만들 수 있다.

  - 자동 보정 기능으로 사진 노출, 대비 등을 한 번에 보정할 수 있다.

  - 밝기, 채도, 색온도 및 대비를 섬세하게 조정할 수 있다.

  - 선명도, 블러 기능으로 사진을 선명하게 또는 흐리게 조정하거나, 비네팅 기능으로 사진의 외곽을 어둡게 조정할 수 있다.

· **액자** : 사진 테두리에 액자 형태의 이미지를 추가할 수 있으며, 다양한 종류의 프레임을 제공하고 있다.

포토에디터에서 액자 수정

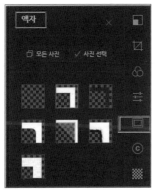

출처 : 포토에디터

· **서명** : 다양한 형태로 만들어 사진에 쉽게 입력할 수 있고, 이미지 서명, 텍스트 서명, 템플릿 서명 중 선택해 추가할 수 있다.

- 이미지 서명은 400×200px, 200kb 이하 이미지를 첨부해 서명으로 사용한다(워터마크는 미리캔버스에서 만들어서 사용하면 편리하다).

포토에디터 서명 삽입

출처 : 포토에디터

포토에디터 텍스터 서명

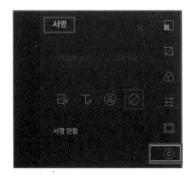

- 텍스트 서명은 국문 최대 21자, 영문 42자의 텍스트를 입력해 서명으로 사용한다.

출처 : 포토에디터

공인중개사의 중개업 마케팅에 관한 모든 것

- 템플릿 서명은 10종의 템플릿 중 원하는 디자인을 선택한 후, 텍스트를 입력해 서명으로 사용한다. 템플릿 디자인 및 색상을 자유롭게 변경할 수 있다.

포토에디터 포토 서명

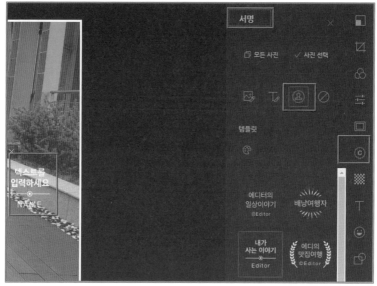

출처 : 포토에디터

· **모자이크**
- 사진을 드래그&드랍하면 모자이크 영역을 지정할 수 있으며, 자동 인식 기능을 사용하면 사진의 얼굴을 자동으로 인식해 모자이크를 한 번에 적용할 수 있다.
- 원하는 모자이크 모양을 선택한 뒤, 사진에서 모자이크를 적용할 부분을 드래그&드랍으로 선택한다.
- 사진에 추가된 모자이크를 선택한 뒤, 하단의 슬라이드바를

조정해 모자이크의 심도를 변경할 수 있다.

- 자동인식 버튼을 누르면, 사진 속 얼굴이 인식되어 자동으로 모자이크가 적용된다.

· **텍스트** : 사진에 글자를 입력할 수 있다.

- 일반 텍스트 버튼을 누르면, 글자를 입력할 수 있는 텍스트 상자가 사진에 추가되며, 텍스트 입력 후 서체, 크기, 글자 색 등의 서식을 변경할 수 있다.

- 45개의 스타일 중 원하는 항목을 선택하면, 아트 타이포가 사진에 추가되며, 텍스트 입력 후 색을 변경할 수 있으며, 아트 타이포를 추가한 사진을 문서의 대표 이미지로 활용할 수 있다.

- 10개의 스타일 중 원하는 항목을 선택하면, 말풍선 형태의 텍스트 상자가 사진에 추가되고, 텍스트 입력 후 서체, 크기, 글자 색 등의 서식을 변경할 수 있다.

포토에디터 텍스터

출처 : 포토에디터

공인중개사의 중개업 마케팅에 관한 모든 것

- **스티커** : 사진에 이모지, 라인 프렌즈 캐릭터, 타이포 등 다양한 디자인의 스티커로 사진을 재미있게 꾸밀 수 있다.
  - 기본 스티커는 이모지 스티커와 라인 스티커를 제공해 사진을 재미있게 꾸밀 수 있다.
  - 일반·타이포 스티커로는 사진의 상황을 더욱 재치있게 표현할 수 있다. 사진에 맞게 스티커의 색을 변경할 수 있다.
  - 자동 얼굴 인식 스티커의 경우 '자동 인식' 버튼을 누르면 사진 속 얼굴이 자동으로 인식되고, 원하는 스티커를 선택하면 인식된 얼굴에 스티커가 자동 적용된다.

포토에디터 텍스터

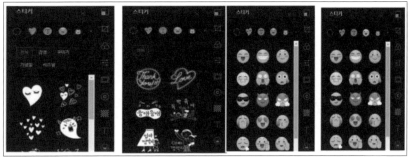

출처 : 포토에디터

- **마스크** : 다양한 모양의 도형(원, 삼각, 둥근 삼각형, 다각형, 별, 둥근 별)으로 사진을 잘라 사용할 수 있고, 마스크로 자른 사진의 '테두리' 버튼을 선택하면, 테두리의 두께를 설정하거나 테두리의 색상을 지정할 수 있다.

포토에디터 모자이크

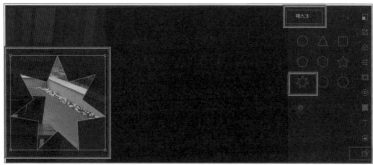

출처 : 포토에디터

· **사진 첨부 기능** : 여러 장의 사진을 하나로 묶어 첨부할 수 있는 그룹 사진 기능이 추가되어 콜라주, 슬라이드와 같은 형태로 많은 양의 사진을 한 번에 첨부가 가능하며, 그룹 사진은 2장 이상 10장 이하의 사진으로 만들 수 있다.

· **개별 사진** : 기존의 사진 첨부 방식, 여러 장 개별 첨부

· **꼴라주** : 사진 여러 장을 하나의 타일 형태로 구성

· **슬라이드** : 사진 여러 장을 하나의 슬라이드 형태로 구성

· **그룹 편집** : 첨부한 그룹 사진의 유형을 변경하거나, 배치를 변경할 수 있는 기능을 제공, 사진을 드래그해서 순서를 바꾸거나, 마우스 오버시 표시되는 교체, 사진 편집, 삭제 버튼으로 그룹 사진을 수정할 수 있다.

· **나란히 놓기** : 선택한 사진을 끌어 다른 사진의 옆에 놓으면, 크기가 서로 다른 사진을 같은 높이로 나란히 정렬할 수 있다. 사진 나란히 놓기는 최대 3장까지 가능하며, 나란히 놓기가 적용된 사진 중 일부 사진을 끌어 다른 문단에 놓으면, 나란히 놓기가 해제된다.

공인중개사의 중개업 마케팅에 관한 모든 것

블로그 글쓰기 사진 첨부 방법

출처 : 네이버 블로그

발행하기

화면 우측 상단의 '발행' 버튼을 선택하면 작성한 글을 발행
할 수 있는 창이 노출되며 필요한 옵션을 설정한 후 창 하단의
'발행' 버튼을 누르면 발행이 완료된다. 작성한 글의 카테고리
및 주제를 선택한 후 공개 설정은 전체 공개로 한 후 매물이 거
래 완료된 경우는 비공개로 수정한다. 태그를 입력하고 엔터 키
를 누르면 입력이 완료되며 30개까지 입력할 수 있고, 태그를
더 빠르게 입력할 수 있는 기능이 추가되어 본문에서 글쓰기 도
중 태그 입력이 필요할 때, 문서 영역을 클릭해서 커서를 활성
화한 후, '#태그명'을 입력하면 문서에 태그가 바로 추가되어 태
그를 포함한 자연스러운 글쓰기가 가능하게 되었다. 발행 시간
은 바로 발행할 수도 있지만 날짜와 시간을 예약해서 발행할 수
도 있다.

블로그 글쓰기 발행

카테고리	동의대 부자학과
주제	일상·생각 >
공개 설정	◉ 전체공개 ○ 이웃공개 ○ 서로이웃공개 ○ 비공개

모든 사람이 이 글을 볼 수 있습니다.

발행 설정 ☑ 댓글허용 ☑ 공감허용 ☑ 검색허용
☑ 블로그/카페 공유 링크 허용 · (?) ☑ 외부 공유 허용 (?)
☑ CCL표시 설정 ·

☐ 이 설정을 기본값으로 유지

태그 편집 #태그 입력 (최대 30개)

발행 시간 ◉ 현재 ○ 예약

☐ 공지사항으로 등록 ✓ 발행

출처 : 네이버 블로그

· **임시 저장 기능** : 임시 저장 기능을 이용하면, 작성 중이던 문서를
임시 저장할 수 있으며, 글 작성을 잠시 중단해야 하는 경우, 임
시 저장으로 글을 저장해두었다가 언제든지 이어서 작성할 수
있고, 임시 저장한 글은 실제로 발행되지 않는다.

공인중개사의 중개업 마케팅에 관한 모든 것

05 스마트폰에서 블로그 운영하기

　한국 갤럽이 2023년 7월 11~13일 전 국민 만 18세 이상 1,001명에게 현재 스마트폰 사용 여부를 물은 결과 97%가 사용하고 있으며, 스마트폰 평균 사용시간은 1시간 31분으로 나타났다. 스마트폰의 사용 연령과 사용자 수 그리고 사용 시간까지 점점 늘어나는 추세로 네이버 블로그 또한 스마트폰에 '네이버 블로그 앱'을 설치해 관리, 글쓰기 등을 할 수 있게 되었다.

블로그 앱 화면 구성

스마트폰 블로그 앱 홈 화면

출처 : 네이버 블로그 앱

홈 편집을 클릭하면 홈 화면에서 보여질 이미지와 커버 스타일을 교체할 수 있고, 아래의 블로그 소개, 전화번호, 주소를 입력한다.

스마트폰 블로그 앱 홈 화면 설정

출처 : 네이버 블로그 앱

대표 글을 인기 글로 관리, 그리고 모먼트 관리와 글 목록 방식을 설정해주는 곳이다. 카테고리, 안부 글, 이웃목록, 통계를 보여준다. 이웃 새 글이 실시간으로 보이는 곳으로 바로 확인해서 공감을 표시하거나 답글을 쓸 수 있다. 또한, 네이버에서 추천한 다른 블로거의 새 글을 볼 수 있다. 스마트폰에서 글쓰기를 할 수 있고 PC에서 쓴 내용을 수정도 할 수 있다. 내 블로그에서 이웃이 방문한 후 댓글, 공감 등을 남겼을 때 알려주는 곳이자 내 블로그가 보이는 곳이다.

공인중개사의 중개업 마케팅에 관한 모든 것

블로그 앱 메인 이해하기

스마트폰 블로그 앱 메인 화면

출처 : 네이버 블로그 앱

블로그 앱에서 내 블로그 공유하기 버튼과 검색창, 그리고 오른쪽 상단에 진입해보면 네이버 공식블로그 소식도 볼 수 있고 내 블로그 관리 등도 할 수 있다.

스마트폰 블로그 앱 환경 설정

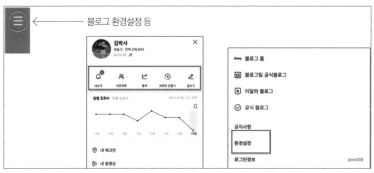

출처 : 네이버 블로그 앱

블로그 앱 환경 설정

스마트폰 블로그 앱 환경 설정

출처 : 네이버 블로그 앱

환경 설정은 스마트폰에서 블로그를 관리하는 곳으로 PC에서 설정해둔 것을 수정 또는 추가하는 것이 가능하다.

스마트폰 블로그 앱 홈 글쓰기 설정

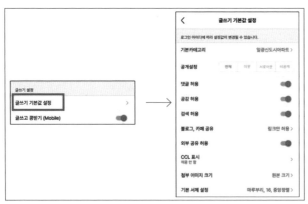

출처 : 네이버 블로그 앱

공인중개사의 중개업 마케팅에 관한 모든 것

· **글쓰기 기본값 설정** : 동영상 설정, 블로그 정보, 카테고리 설정 등을 입력해서 관리할 수 있다, 카테고리의 경우 블로그 앱에서도 추가, 수정, 삭제를 할 수 있다. 알림 허용, 첫 화면 설정, 사업자정보 등을 관리할 수 있다.

글쓰기, 이미지 삽입 방법

· 글쓰기 도구 활용 방법

스마트폰 블로그 앱 글쓰기 도구

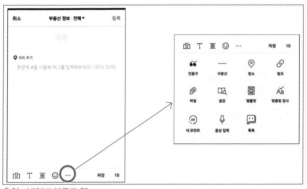

출처 : 네이버 블로그 앱

스마트폰에서 블로그 앱으로 글쓰기 또한 PC에서 글쓰기하는 것과는 별다른 것은 없지만, 표 만들기는 PC에는 있는데 블로그 앱에서는 없고. 음성입력은 앱에는 있는데 PC에는 없는 것을 알 수 있다. 앱에서는 전화 걸기 링크로 사용했던 작은 링크가 보이지 않고, 앱에서는 전화번호를 입력하고 엔터를 클릭하면 바로 전화걸기 링크가 생성된다.

'음성입력'의 경우 스마트폰 블로그 앱의 큰 장점이 아닌가 싶

다. 음성입력을 누르고 마이크 아이콘을 누른 후 말하면 본문에
바로 음성으로 말한 내용들이 입력되는 것을 볼 수 있으며, 글쓰
기가 힘드신 분은 음성입력 도구 활용도 권해본다.

글쓰기 완료 후 발행은 상단 중앙에 카테고리 하나가 있는 것
을 클릭하면 발행 옵션이 나오며, 여기에서 쓴 글의 카테고리 분
류를 하고 공개, 비공개 설정, 글쓰기 설정, 태그 편집, 공지 등
록 창이 보인다. 발행 옵션에 있는 설정을 마무리한 후 상단 오
른쪽 'ㅡ'를 클릭하고 나와서 글쓰기 상단 등록을 누르면 글쓰
기가 완료된다.

스마트폰 블로그 앱 발행 옵션

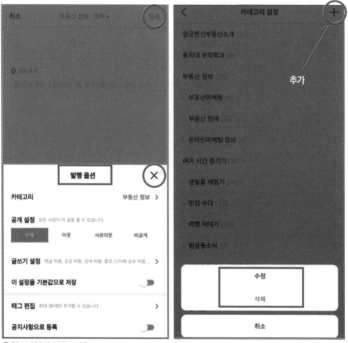

출처 : 네이버 블로그 앱

공인중개사의 중개업 마케팅에 관한 모든 것

· 이미지 삽입하기

글쓰기 창에서 카메라가 있는 부분을 클릭하면 내 스마트폰 갤러리에 있는 사진을 보여주는 곳, 카메라를 바로 실행해서 사진을 찍을 수 있고, 동영상도 만들 수 있고, Gif 움직이는 사진도 만들 수 있는 총 4가지의 이미지 파일을 업로드할 수 있는 기능이 있다.

스마트폰 블로그 앱 홈 이미지 삽입

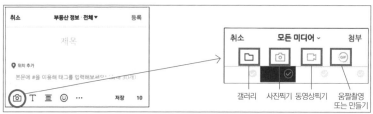

출처 : 네이버 블로그 앱

이미지를 여러 장 함께 업로드할 때는 그룹 사진이나 동영상으로 만들어 편집할 수도 있고, 사진 편집 기능도 있다. 사진 편집 기능에는 필터 조절, 자르기 회전, 사진 보정 작업, 모자이크 처리, 서명 등을 수정 작업을 거칠 수 있는 기능도 있으니 사진 편집 기능을 이용해서 블로그 포스팅 이미지에 다양하게 적용해서 멋진 이미지를 만들어보자.

06 SNS로 공유해서 내 블로그 알리기

블로그 포스팅에 글이 완료된 창 아래를 보면 내 블로그 글을 카페나 밴드, 트위터, 페이스북, 카카오톡 등으로 공유 또는 URL 복사를 통해 공유가 가능하다.

스마트폰 블로그 앱 내 글 공유

| 남의 블로그에서 공유할 때 나오는 창 | 내 블로그 공유할 때 나오는 창 |

출처 : 저자 제공

07 블로그 모먼트 만들기

    블로그 모먼트는 모바일에서 1분 만에 만드는 숏폼 동영상 에디터로 일상에서 기록하고 싶은 순간의 사진과 영상을 몇 번의 터치만으로 쉽고 간단하게 편집할 수 있는 기능인데, PC에서는 지원되지 않는다.

    네이버는 숏폼을 강화하기 위해 최근 10억 원이라는 지원금을 건 '네이버 숏폼 서비스 클럽'에서 활동할 공식 크리에이터를 모집했고, 여기에 13,000명이 몰렸다고 한다. 매주 한 건 이상, 한 달 동안 총 8건의 숏폼 창작활동을 한 크리에이터 등에게 활동비 150,000원을 지원하며, 횟수에 따라 200만 원부터 3,000만 원까지 상금을 받을 수 있다.

    숏폼의 경우 중국 SNS 플랫폼 틱톡이 유행하면서 인스타그램이나 페이스북, 유튜브까지 각 SNS 채널에서 성행 중에 있으며, 우리나라 네이버나 카카오톡에서도 시도는 하고 있지만 숏폼은 유튜브 쇼츠가 최고 강세를 보이고 있다. 상황이 이렇다 보니 네이버가 숏폼에서 유튜브를 따라 잡기에 역부족이라 이번 행사로 숏폼 시장의 확대를 노리고 있는 것이다.

    중개업에서는 블로그 모먼트를 이용해 매물소개 등 간단한 동영상을 제작해서 블로그에도 사용할 수 있고, 모먼트 동영상을 별도로 노출할 수 있으며, 다른 SNS에도 쇼츠 영상으로 업로드할 수 있는 장점도 있어 활동도가 높은 플랫폼이다.

· 내 모먼트 만드는 방법

먼저 내 블로그에서 상단의 가로줄 3개가 잇는 곳을 클릭하면 내 모먼트가 나오고, 상단에 '+' 버튼을 눌러 만들 수 있고, 내 블로그 홈 화면에 모먼트 전체 보기를 클릭해서 상단 오른쪽 만들기 버튼을 누르면 모먼트를 만들 수 있다. 통상 블로그나 유튜브의 경우 가로 16×9의 이미지 크기로 사진을 찍어 사용하지만 모먼트나 숏폼 영상의 경우 세로 이미지로 만드는 것이 일반적이고 이렇게 만드는 것이 영상을 업로드했을 때 더 안정감 있는 영상으로 보인다. 만들기를 클릭하면 사진이나 동영상을 찍어서 업로드할 수 있고, 내가 찍어둔 사진이나 동영상을 이용해서 만들 수 있다. 여기서는 찍어둔 이미지로 모먼트를 만들어보기로 한다.

블로그 홈에서 내 모먼트 → 전체보기를 클릭한다.

블로그 모먼트 만들기

출처 : 네이버 블로그 앱

공인중개사의 중개업 마케팅에 관한 모든 것

카메라가 열리면 이미지나 동영상을 직접 찍어서 올리든지 왼쪽 하단에 있는 내 스마트폰 속 갤러리에 있는 이미지를 몇 장 선택한다.

모먼트 이미지나 동영상 올리기

출처 : 네이버 블로그 앱

모먼트 만들기 화면 오른쪽에는 모먼트 영상 위에 첨부할 수 있는 아이콘들이 보인다. 상단 첫 번째 'N'에는 장소 입력, 쇼핑(모먼트에 리뷰하고 싶은 상품 첨부 가능), 내 블로그 연결 가능, 링크 삽입, 인기 스티커 첨부 가능, 영화, 일정, 책, 뉴스 등도 첨부가 가능하도록 되어 있다.

모먼트 장소 등 삽입 가능

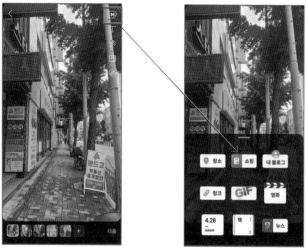

출처 : 네이버 블로그 앱

글을 입력 후 글씨체나 배경 화면 글씨 색을 바꿀 수 있다.

모먼트 장소 등 삽입 가능

출처 : 네이버 블로그 앱

글씨체나 배경 선택 가능   글씨체 색깔선택 가능

공인중개사의 중개업 마케팅에 관한 모든 것

손글씨 쓰기가 입력 가능하고, 색도 바꿀 수 있다.

손글씨도 입력이 가능한 모먼트

출처 : 네이버 블로그 앱

동영상 편집도 가능하다.

모먼트 동영상 편집

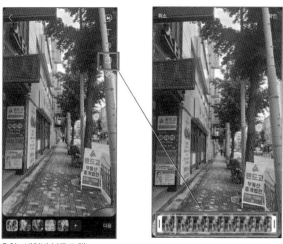

출처 : 네이버 블로그 앱

스타일 필터 보정 기능도 있다.

모먼트 필터 보정

출처 : 네이버 블로그 앱

스타일, 필터, 보정 전체 이미지를 모두 적용할 수도 있고, 이 미지 하나하나 별도로 아니면 묶음별로 적용할 수도 있다.

모먼트 보정, 필터 수정 가능

출처 : 네이버 블로그 앱

공인중개사의 중개업 마케팅에 관한 모든 것

모먼트 영상 만들기가 끝나면 하단 오른쪽 '다음'을 클릭한다. 간단하게 영상에 대한 설명을 하고 태그 입력 후 하단 완료 버튼을 누른다.

모먼트 영상 업로드

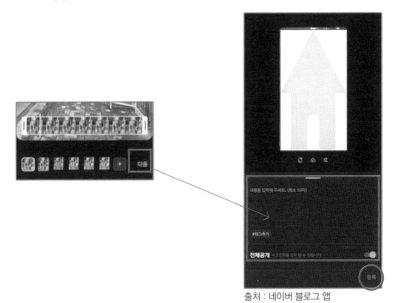

출처 : 네이버 블로그 앱

| 실전 Tip | 개업 공인중개사가 인터넷 광고 시 올바로 명시한 사례

〈중개대상물의 표시 · 광고 명시사항 작성 예시1 (건축물 기준) - 표 형식〉

중개 사무소 정보	① 명칭	AA공인중개사사무소		
	② 소재지	BB시 CC동 DD건물 1층	④ 등록번호	가123456
	③ 연락처	02-123-4567	⑤ 성 명	김OO
매물 정보	① 소재지	EE시 FF동 00번지 GG아파트 00동 00층	⑦ 입주가능일	00년 00월 00일 또는 00년 0월 초순
	② 면적	전용면적 : 84m² (공급면적 113m²)	⑧ 방수/욕실수	0개/0개
	③ 가격	0억 0천만원	⑨ 행정기관 승인일자	(사용승인일) 00년 00월 00일
	④중개대상물 종류	공동주택	⑩ 주차대수	세대당 1대 주차
	⑤거래형태	매매	⑪ 관리비	매월 4만원, 수도요금 및 전기요금은 실사용량에 따라 별도 부과
	⑥ 총 층수	총 00층	⑫ 방향	남향 (거실 기준)

〈중개대상물의 표시 · 광고 명시사항 작성 예시2 (건축물 기준) - 줄글 형식〉

〈중개사무소 정보〉
명칭 : AA공인중개사사무소
소재지 : BB시 CC동 DD건물 1층
등록번호 : 가123456
연락처 : 02-123-4567
성명 : 김OO

〈매물 정보〉
소재지 : EE시 FF동 00번지 GG아파트 00동 00층
면적 : 전용면적 : 84m² (공급면적 113m²)
가격 : 0억 0천만원
중개대상물 종류 : 공동주택
거래형태 : 매매
총 층수 : 총 00층
입주가능일 : 00년 00월 00일 또는 00년 0월 초순
방 수 / 욕실 수 : 0개/0개
행정기관 승인일자 : (사용승인일) 00년 00월 00일
주차대수 : 세대당 1대 주차
관리비 : 매월 4만원, 수도요금 및 전기요금은 실사용량에 따라 별도 부과
방향 : 남향 (거실 기준)

공인중개사의

중개업 마케팅에 관한 모든 것

제**5**장

네이버
검색 광고

고객이 매물을 찾을 때는 네이버 화면 검색창에서 원하는 매물의 키워드를 입력해 정보를 찾는다. 업종과 지역에 따라 키워드를 진행하는 방법들은 다양하고, 블로그 마케팅이나 키워드 마케팅을 할 때는 그 키워드를 입력하는 고객의 마음으로 접근해서 활용해야 할 것이다.

네이버에서 우리가 사용하는 마케팅 중에는 블로그를 최우선으로 하는 만큼 키워드마다 노출되는 형태가 다르다. 예를 들어 ○○아파트나 매매를 입력하면 통합검색창에서 네이버 부동산이 상단에 노출되고, ○○○중개업소를 입력해보면 네이버 스마트플레이스가 상단에 먼저 먼저 노출되는 등 키워드마다 통합검색에서 지도가 나올 수 있고 블로그나 파워링크, 이미지 그리고 동영상까지 먼저 노출될 수 있다.

네이버 검색 광고는 특정 키워드를 검색했을 때 검색 결과에 노출되는 광고로 정보를 찾기 위해 검색하는 이용자에게 검색어와 관련한 상품서비스 정보를 노출하는 타깃형 광고다. 직접 키워드를 검색한 구매 의도를 가진 고객을 유입시켜 비교적 높은 광고 성과를 기대할 수 있고, 클릭을 받았을 때 과금되는 효율적인 광고 상품으로 광고를 하고자 하는 목적에 따라 파워링크, 쇼핑 검색 광고, 브랜드 검색, 플레이스 광고 중 선택해서 진행할 수 있다.

검색 광고의 경우 클릭당 노출 비용이 키워드(소재)마다 최소 70원~10만 원 사이로 설정할 수 있으며, 광고가 많이 노출되어도 클릭이 없으면 비용이 발생하지 않으며 검색 이용자가 클릭했을 때만 비용이 발생하는 광고다. 여기에서 PC 화면과 모바일 검색이 키워드에 따라 어떻게 다른지 알아보자.

네이버 검색창(PC화면, 모바일 화면)

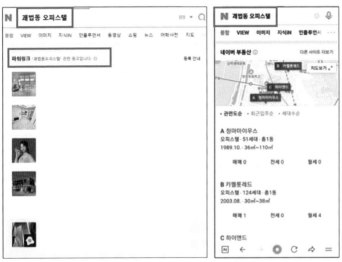

출처 : 네이버, 네이버 앱

'괘법동 오피스텔'을 키워드로 검색했을 때 PC에서는 파워링크가 모바일에서는 네이버 부동산이 먼저 노출이 되는 것을 알 수 있다. 앞에서 설명했듯이 파워링크란 네이버 검색 광고로 정보를 찾기 위해 검색하는 이용자에게 관련성이 높은 비즈니스 정보를 노출해 직접적인 방문을 유도하게 하고, 예산에 맞추어 광고비를 직접 설정할 수 있다. 광고 클릭 수 또는 키워드 조회 수를 기반으로 광고비를 지불하는 마케팅 광고로 '괘법동 오피스텔'을 주력으로 중개업을 하는 사람은 파워링크 광고도 하고, 네이버 부동산에도 매물을 올려야 할 것이다.

　다음으로 사상구 괘법동 상가 임대를 찾는 고객이 매물을 찾는 예를 들어보면 '괘법동 상가 임대'를 검색했을 때 PC 화면이나 모바일에서 모두 블로그 게시글이 상위에 노출되고 있는 것을 알 수 있다.

네이버 검색을 했을 때 PC와 모바일의 비교

출처 : 네이버

공인중개사의 중개업 마케팅에 관한 모든 것

앞의 자료처럼 키워드에 따라 네이버 홈 화면이 PC나 모바일에서는 네이버 부동산 매물이 보이기도 하고, 파워링크가 뜨기도 하고, 블로그가 노출되기도 한다. 네이버에서 마케팅을 하고자 한다면 사용해야 하는 키워드에 따라 노출되는 영역이 달리 보이므로 PC나 스마트폰 화면의 상위 노출되는 영역에 따라 별도의 네이버 마케팅이 진행되어야 할 것이다.

01 키워드 도구 활용 방법

고객의 니즈를 반영하는 키워드를 추출할 수 있는 네이버 키워드 도구 서비스 사용법을 알아보자. 네이버 키워드 도구 서비스는 무료로 사용할 수 있으며, 내가 사용하는 키워드별 조회수와 그 외 여러 가지 키워드들에 대한 정보를 제공해주는 곳으로 네이버 아이디로 회원가입을 해 사용 가능하다. 네이버 키워드 도구는 먼저 PC에서 네이버 홈 화면 하단의 'Partners 비즈니스 광고'를 클릭하거나 네이버 검색 광고를 검색해서 들어가도 된다.

네이버 검색 광고

출처 : 네이버

　　네이버 검색 광고 영역에 들어오면 '네이버 아이디'나 '검색 광고 아이디' 두 가지 방법으로 회원 가입이 가능하다는 안내 창이 뜬다. 네이버에서 광고하는 것이니 혼란스럽지 않게 네이버 아이디로 회원가입을 시도해본다.

네이버 검색 광고 회원가입

출처 : 네이버

　　공인중개사의 중개업 마케팅에 관한 모든 것

네이버 아이디로 회원 가입하기를 클릭하면 네이버 아이디를 입력하라는 창이 뜨고 아이디에 별다른 이상이 없으면 네이버 ID로 회원가입에 대한 약관 동의 후 가입 유형을 선택한다. 사업자등록을 한 경우는 사업자 광고주를 선택하고 다음을 클릭한다.

네이버 아이디로 회원가입

출처 : 네이버

사업자 광고주의 회원정보는 사업자등록번호 입력 후 가입 가능 여부를 체크하고, 전화번호를 입력해서 휴대전화로 인증을 받는다. 세금계산서 정보를 위해 사업자등록증에 표기된 사업장 대표자명, 업체명, 업태, 종목, 사업장 주소를 입력하면 회원가입이 완료된다.

네이버 키워드 도구

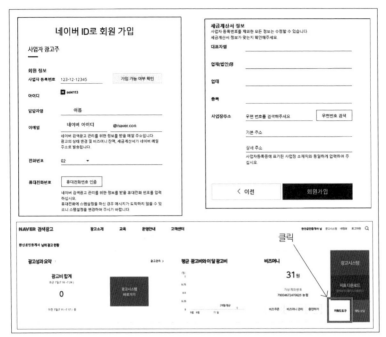

출처 : 네이버

회원가입 후 네이버 검색 광고에서 네이버 아이디로 로그인을 하면 상단과 같은 검색 광고 창이 뜨며 오른쪽 아래 칸에 키워드 도구를 클릭해서 내가 사용하고자 하는 키워드를 고객들은 얼마나 많이 조회하는지 알아볼 수 있다. 키워드 도구 화면으로 들어가 키워드를 입력하고, 조회하기를 클릭해본다. 키워드 도구에서 제공되는 연관 키워드는 비즈채널 웹 사이트 내 키워드 정보, 키워드 클릭 정보, 내가 구매한 키워드 등을 기반으로 통계 시스템에서 추출된 결과다.

키워드 도구 조회하기

출처 : 네이버

자료를 번호대로 설명하면 다음과 같다.

① 검색할 키워드를 입력한다.

② 조회하기 버튼을 클릭한다.

③ 월간 검색 수를 나타내는 곳으로 최근 한 달 기준으로 검색
   창에 입력된 키워드의 수를 보여준다.

④ 월 평균 클릭 수를 나타낸 것이다.

⑤ 월 평균 클릭 비율을 나타내며 검색 수 대비 클릭 수를 %
   로 나타낸 것이다.

⑥ 경쟁 정도와 월 평균 노출 광고 수를 나타낸 것이다.

키워드 도구 서비스는 검색 광고를 진행할 때 고객이 어떤 키
워드를 선호하는지, 클릭은 얼마나 하고 있는가에 대한 유용한
정보를 제공해주고 있으므로 블로그 글쓰기에서 키워드를 선정
할 때도 키워드 도구 서비스를 이용하면 상위 노출이 되는 글

쓰기가 가능할 것이다. 예문으로 조회한 '부산 상가 매매'와 '부산 상가 임대'는 경쟁 정도가 높으므로 이렇게 대표 키워드를 사용할 경우에는 세부 키워드를 활용해 블로그 제목으로 사용하는 것이 좋다.

02 검색 광고의 개념

링크 광고라고도 하고, 키워드 광고라고도 불리는데, 고객이 원하는 키워드를 네이버 홈 화면 검색창에 입력했을 때 그 결과가 보이게 하는 광고로 고객이 광고를 클릭해서 사이트에 방문했을 때만 과금이 되는 종량제 방식 즉, CPC광고 형태다.

먼저 키워드의 종류와 개념에 대해 알아보자. 대표 키워드(메인 키워드)는 내 사업과 관련된 가장 메인이 되는 키워드로 경쟁이 심하지만 일단 상위 노출만 되면 많은 방문자를 확보할 수 있는 이점이 있으나 클릭당 비용이 높은 것이 단점이다(예 : 부산 부동산, 부산 아파트 등).

세부 키워드는 대표 키워드에 지역이나 업종에 있어서 실제로 고객들이 많이 검색할 만한 단어들이 주를 이룬다. 이러한

공인중개사의 중개업 마케팅에 관한 모든 것

세부 키워드는 좀 더 고객을 유도할 수 있는 세분화의 필요성이 있다(예 : ○○동 아파트 전세, ○○동 아파트 싼 매물). 세분화된 키워드는 오랫동안 상위 노출이 유지되며 클릭당 단가가 낮은 것이 장점이다.

자동완성어란 네이버 검색창에 고객이 키워드를 입력하면 그와 관련된 많은 검색량이 발생하는 키워드를 순차적으로 보여주는 것을 말한다. 고객들이 특정 키워드를 입력할 때 자신이 원하는 키워드가 나타나면 선택하기가 더 쉬워질 것이다. 이렇게 자동완성어가 고객들에게 원하는 것을 쉽게 찾아주는 기능을 하게 되면서 마케터들이 자동완성어를 직접 만들어 이용하는 경우가 많아 신뢰도를 잃긴 했지만, 고객의 입장에서는 편리하게 사용되는 이점이 있으므로 내 키워드가 자동완성어로 실행되어 있는 키워드라면 꾸준하게 관리해야 할 것이다.

연관검색어는 고객이 입력한 어떤 키워드와 연관이 있다고 판단되는 키워드를 포털사이트에서 보여주는 것이다. 자동완성어나 연관검색어는 고객들이 많이 찾는 키워드를 자동완성으로 보여주고 연관검색으로 보여주면서 클릭 횟수를 높일 수 있다.

03 키워드 추출 방법

　사용할 키워드를 미리 엑셀 파일로 키워드별로 저장해서 사용하면 편리하다. 그런데 내가 사용할 키워드로 어떤 단어를 사용해야 할지 고민에 빠지게 된다. 이때는 먼저 내가 경쟁하는 업소의 키워드를 벤치마킹하는 것도 방법일 것이다. 예를 들어 내가 사용하는 키워드가 부산 재개발이라고 하면 네이버 홈 화면에서 부산 재개발을 검색해보면 파워링크 광고가 첫 화면으로 뜬다. 이때 각 광고들의 키워드나 설명 문구 등을 활용해보는 것이다.

　두 번째는 '부산 재개발'을 검색했을 때 자동으로 완성되는 키워드를 활용해서 문구로 만들어두면 된다. 앞에서 설명한 대로 자동 완성되는 단어는 키워드와 관련해서 많이 검색하는 키워드가 순차적으로 보이는 것이므로 키워드 활용에도 유리한 작용을 한다.

　세 번째, 연관검색어를 활용한다. 고객들이 부산 재개발 정보를 보기 위해서 검색했을 때 상단에 보이는 연관검색어는 포털에서 연관이 된다고 판단해 보이게 하는 것으로 내 키워드를 설정할 때 도움을 줄 것이다.

　마지막으로 키워드 도구를 이용해서 내가 원하는 키워드를 입력했을 때 이와 연관된 키워드들이 보이도록 할 수 있다. 이렇게 찾은 키워드는 대표 키워드, 세부 키워드별로 나누어 엑셀로 정리해서 사용하면 된다.

04 검색 광고 만들기

네이버 광고의 경우 사업의 유형과 홍보 목적에 따라 광고를 선택할 수 있다.

· **파워링크 광고** : 홈페이지를 홍보 문구와 함께 노출하는 상품으로 업체의 브랜드, 홈페이지 등을 알리고 싶은 사람이나 사이트의 방문자 수를 늘리고 싶은 사람들에게 권하는 상품이다.

· **쇼핑 검색 광고** : 상품 정보가 노출되는 상품으로 클릭당 과금되는 방식으로 클릭받은 만큼 광고비가 지출되며 판매 상품에 따라 쇼핑몰 상품형과 카탈로그형, 쇼핑 브랜드형으로 구분된다. 주로 쇼핑몰의 상품 판매를 늘리고 싶은 분에게 추천하는 상품이다.

  - 쇼핑몰 상품형은 네이버 쇼핑 영역에서 내 상품을 상단 노출하고 싶은 분에게 추천한다.

  - 카탈로그형은 네이버 쇼핑에 자사 상품이 카탈로그(가격 비교) 페이지로 생성되어 있는 제조사·브랜드사다.

  - 쇼핑 브랜드형은 공식몰을 통해 브랜드 콘텐츠와 주요 제품 라인업을 홍보하고 싶은 브랜드사들에게 유리한 상품이다.

· **콘텐츠 검색 광고** : 블로그, 포스트 등의 컨텐츠를 이용해 신뢰성 있는 정보를 제공하는 상품으로 클릭당 과금되는 방식으로 클

릭 받은 만큼 광고비가 지출된다. 주로 정보 고관여 제품·서비스를 판매하는 사람이나 블로그·카페·포스트 콘텐츠를 view 영역에 광고로 노출하고 싶은 분들에게 추천하는 상품이다.

· **브랜드 검색 광고** : 브랜드 검색 광고는 브랜드와 직접적인 연관이 있는 키워드로 진행되는 광고 상품으로 30일 기준 최소 50만 원(VAT 미포함)부터 진행된다. 주로 업체명·브랜드명 인지도가 어느 정도 확보된 업체나 강력한 주목도로 브랜딩 강화가 필요한 업체에게 추천하는 상품이다.

· **플레이스 광고** : 지역소상공인 광고는 플레이스 정보를 연동해 진행하는 상품으로 PC·모바일 통합검색 플레이스 영역, 네이버 콘텐츠 서비스 지면 등 광고 유형에 따라 다양한 영역에 광고가 보여지며, 오프라인 가게를 알리고 싶은 지역 소상공인에게 추천하는 광고다.

  – 플레이스 광고는 특정 장소를 찾는 사용자에게 내 업체를 적극적으로 홍보하고 싶은 분에게 추천한다.
  – 지역소상공인 광고는 매장 주변 잠재 고객에게 광고를 노출해 매장 홍보 및 방문을 유도하고 싶은 분들에게 추천하는 상품이다.

광고 구조의 이해

네이버 통합검색에서 내 광고를 노출하고 싶을 때 어떤 키워드를 입력했을 때 내 광고가 우선적으로 보일지 우선 키워드를 선택하고 어떤 내용으로 내 광고가 보이는지 제목과 설명 문구를 작성하고, 광고를 클릭했을 때 어디로 이동하는지 연결페이지를 입력하는 과정이 네이버 검색 광고 시스템에서 이루어진다. 광고가 만들어지는 과정은 '광고 만들기 → 캠페인 → 광고 그룹 → 소재 → 키워드 삽입'까지며 이곳에서는 내가 고객에게 어떤 목적으로 광고를 집행하는지, 고객에게 보여주고자 하는 것은 무엇인지, 그 결과 고객을 어디로 데리고 갈 것인지를 구체적으로 계획할 수 있다.

· 캠페인

캠페인은 왜 광고를 운영하는지에 대한 광고 전략 단위다. 사이트 검색 광고를 통해 이용자가 나의 웹사이트로 방문하기를 원하는 경우 캠페인은 '파워링크 유형'으로 선택하면 된다. 캠페인 단위로 광고 노출 기간과 예산을 설정할 수 있으며, 예산은 프로모션 광고비 예산만큼 설정해놓으면 된다.

네이버 광고 구조의 이해

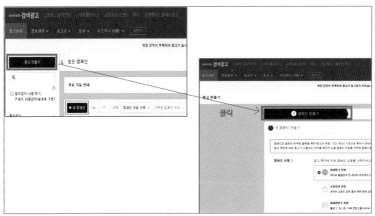

출처 : 네이버

캠페인은 광고 등록의 가장 상위 단위로 광고 목표에 따라 차별화된 광고 운영이 가능하다. 캠페인에서는 광고의 목적에 따라 캠페인 유형을 선택할 수 있는데, 이 중 파워링크 유형을 선택해 내 블로그나 홈페이지로 링크를 걸어두기로 한다. 파워링크 유형은 업종 및 서비스 관련 키워드 검색 시 네이버 통합검색이나 다양한 노출 매체에 홈페이지와 홍보 문구가 노출되는 상품으로, 특징은 업종 및 서비스 관련 정보 제공이나 상품 판매 등 컨텐츠가 확인되는 홈페이지가 있다면 광고 진행이 가능하다는 점이다.

광고 등록과 광고 노출은 비용이 발생하지 않고, 클릭 시에 과금되는 CPC방식이므로 직접 입찰가를 설정할 수 있고, 원하는 키워드를 등록해 광고할 수 있다. 광고는 언제든지 게재할 수도 있고 중지할 수도 있으며, 캠페인의 이름은 노출되지 않으므로 키워드에 맞추어서 세팅하려 하지 않아도 된다.

캠페인에서 '하루예산'은 하루에 지출 가능한 예산을 설정해 과다하게 광고비가 지출되는 것을 예방하기 위한 보조 기능으로, 하루 예산을 설정하면 설정한 예산만큼 비즈머니가 소진되거나, 설정한 예산보다 많이 과금될 것으로 예상되는 시점에 광고를 자동으로 중단하게 된다.

'하루예산 균등 배분'이란 설정된 하루예산을 하루 동안 고르게 배분해, 시스템이 광고 노출을 조절하는 기능으로 시스템이 광고 진행 추이를 고려해 자체적으로 광고를 중단했다가 재개하기를 반복하면서, 하루 동안 꾸준히 광고가 유지되도록 조절한다. 이 기능은 하루예산을 조기에 소진되는 것을 막을 수 있기는 하지만, 특정 시간대에 빈번한 광고 노출이 필요한 경우에는 충분히 노출되지 않을 수도 있다.

네이버 검색 광고 하루예산 설정

출처 : 네이버

고급옵션에서는 캠페인의 기간 설정도 가능해 시작일과 종료
일까지 설정해 관리가 가능하다.

검색 광고 고급옵션 설정

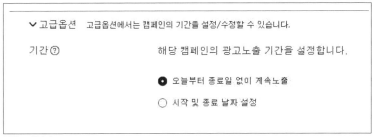

출처 : 네이버

·광고그룹 만들기

광고그룹은 광고할 사이트(홈페이지)를 연결하고, 기본 입찰
가, 매체·지역 등의 광고 전략을 설정할 수 있는 광고 운영의 단
위로, 광고그룹에 '키워드·소재'를 등록해 광고를 운영·관리하
게 된다. 광고그룹의 이름은 광고에 노출되지 않으며, 광고그

룹별로 등록된 키워드·소재를 알 수 있도록 입력하는 것이 좋다. 대화 상자에서 광고그룹 이름, URL, 기본 입찰가, 하루 예산을 입력하고 대화 상자 오른쪽 위의 '기존 광고그룹 설정 불러오기' 버튼을 클릭하면 기존에 생성된 광고그룹 정보를 불러올수 있다.

네이버 검색 광고 광고그룹 이름 만들기

광고그룹 이름	파워링크#1_광고그룹#1
URL ⑦	URL을 선택하세요. ∨
기본 입찰가 ⑦	광고 클릭당 지불할 의사가 있는 최대 비용을 설정 합니다

① 기본 입찰가는 광고 그룹에서 키워드 혹은 소재별 입찰가가 설정된 경우를 제외한 모든 키워드와 소재에 적용되는 입찰가입니다.
광고 최종 입찰가는 (기본 입찰가 × 각 타겟팅 입찰 가중치 × 매체 입찰 가중치)로 결정됩니다. 최종 입찰가는 최대 10만원(VAT 제외)입니다.
여러 타겟팅에 입찰 가중치를 높게 설정한 경우, 기본 입찰가에 가중치가 연속으로 곱해져 큰 금액이 과금 될 수 있습니다.
광고 만들기 이후에도 광고 그룹의 정보를 수정할 때 기본 입찰가를 변경할 수 있습니다. 최소입찰가는 70원(VAT 제외)입니다. 입찰가 설정 알아보기 >

● 직접 설정
[70] 원 70원에서 100,000원까지 입력 가능(10원 단위 입력)

○ 자동입찰 설정(beta)

하루예산 ⑦	하루 동안 이 광고그룹에서 지불할 의사가 있는 최대 비용을 설정합니다.

● [0] 원 50원에서 1,000,000,000까지 입력 가능(10원 단위 입력)
하루예산을 입력하세요.

○ 제한없음

출처 : 네이버

　광고그룹 이름은 1~30자 이내, 광고그룹 관리를 위한 이름으로 만들면 된다(실제 광고에 노출되지 않는다). URL은 광고의 대상이 되는 사이트의 주소를 입력한다. 이때 표시 URL은 사이트를 대표할 수 있어야 광고를 할 수 있다. 랜딩 페이지의 URL은해당 사이트 내 페이지의 URL 광고이어야 한다. 단, 광고에 연결되는 랜딩 페이지가 해당 사이트 내 페이지의 URL로 보이더라도, 메인 페이지를 통해 접근할 수 없는 페이지라면 광고할 수없다(PC와 모바일의 URL이 다를 경우에만 모바일 주소를 입력하고 이미 등록된 광고 그룹의 URL은 수정할 수 없다).

'기본 입찰가'는 광고그룹 내 키워드에 동일하게 적용되는 입찰가로 키워드에 개별 입찰가를 설정했다면 해당 키워드는 기본 입찰가와 무관하게 개별 키워드의 입찰가로 입찰된다. '하루예산'은 하루 동안 광고그룹에서 지출 가능한 예산을 설정하고, 하루예산을 설정하면 당일 해당 광고그룹에서 과금된 금액이 설정된 하루예산보다 많아질 것으로 예상되는 시점에 해당 광고 그룹의 상태를 '중지'로 전환하게 된다.

'고급옵션'에서는 광고그룹과 관련된 매체, 콘텐츠 매체 전용 입찰가, PC·모바일 입찰가 가중치, 키워드 확장(Beta), 소재 노출 방식을 설정할 수 있다. '매체'에서는 광고를 노출할 매체를 선택하는데, 모든 매체를 선택하거나, 매체 유형별(PC·모바일, 검색·콘텐츠 매체)로 선택하거나, 노출을 원하는 개별 매체를 선택할 수 있다. '콘텐츠 매체 전용 입찰가'는 광고가 노출될 매체 중에 콘텐츠 매체에만 적용되는 전용 입찰가를 입력할 수 있고, PC·모바일 입찰가 가중치를 별도로 설정한다면 콘텐츠 매체 전용 입찰가는 PC·모바일 가중치가 반영된 입찰가로 입찰된다.

'PC·모바일 입찰 가중치'의 경우 PC와 모바일 영역에 적용할 입찰가 가중치를 각각 설정할 수 있으며, 10~500% 사이의 값으로 설정한다. '키워드 확장'은 '일치(유사 검색어)' 혹은 '키워드 확장' 기능을 통해 적은 키워드로 많은 노출 기회를 가져 효과적인 광고 관리를 할 수 있으며, '소재 노출 방식'은 '성과 기반 노출'과 '동일 비중 노출' 중 선택할 수 있다. 성과 기반 노출은 성과가 우수한 소재가 우선적으로 노출되도록, 그룹 내 소재의 노출 비중을 자동으로 조절하고, 동일 비중 노출은 등록된 소재가 번갈아가며 동일한 비중으로 노출된다.

· 광고 만들기

고객의 검색 의도를 반영한 키워드를 발굴하는 것은 중요한 광고 전략으로, 적합한 키워드를 찾기 위해서는 주력 상품 및 서비스와 관련된 키워드를 선정해야 한다. 키워드는 크게 대표 키워드와 세부 키워드로 나눌 수 있으며, 광고 목표에 따라 대표 키워드와 세부 키워드를 적절하게 등록해 광고를 효과적으로 운영하는 것이 좋다.

광고그룹 키워드 추가하기

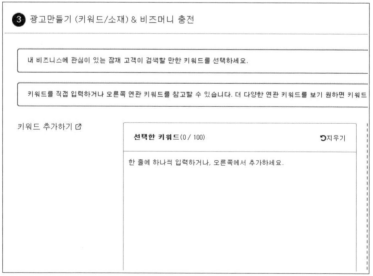

출처 : 네이버

대표 키워드 광고를 통해 홍보하고자 하는 주력 상품 및 서비스와 관련해 잠재 고객들이 쉽게 검색하는 키워드로 검색 수가 높기 때문에 해당 키워드를 등록하면 광고를 많이 노출할 수 있지만, 다수의 광고주가 등록·운영하는 키워드기 때문에 입찰가가 높을 수 있고, 광고 클릭도 많이 받을 수 있어 광고비 지출이 높을 수 있다는 것이 단점이다. 대표 키워드는 내 사업장을 찾기 위해서 고객들은 어떤 단어로 검색을 할까 하는 조합으로 보통 지역+업종이 대표적이며, '부산 상가', '사상구 상가', '사상구 부동산' 등을 생각해보면 된다.

세부 키워드는 사이트 내 메뉴 또는 상세페이지 내 콘텐츠를 바탕으로 해서 고객의 검색 의도에 맞춤화된 수식어나 지역명 등을 포함한 키워드로, 광고 노출 수 및 클릭 수는 대표 키워드에 비해 적을 수 있으나 해당 키워드를 사용하는 광고주가 적을 경우, 입찰가가 저렴할 수 있다. 세부 키워드의 예로는 '사상구 1층 상가 임대', '사상구 전망 있는 사무실 임대' 등 고객들이 부동산 물건을 찾으면서 자신들에게 딱 맞는 조건을 검색해서 찾는 경우가 있지만, 세부 키워드는 잘 찾지 않지만 확실한 고객은 만들 수 있는 키워드다. 광고 만들기의 키워드는 100개까지 입력이 가능하고, 이때는 대표 키워드와 세부 키워드, 연관 키워드 등을 적절하게 등록해 광고를 효과적으로 운영하는 것이 좋다.

· 소재 만들기
고객에게 보여지는 내 업체의 상품·서비스에 대한 홍보 문구로 내 상품과 서비스가 가지고 있는 차별성이 잘 드러나도록 소

재를 정한다. 제목은 최대 15자까지 기재할 수 있으며, 설명은
최소 20자 이상 45자 이내로 작성하고 연결 URL은 해당 광고
그룹 등록 시 입력한 홈페이지 URL을 자동으로 불러온다. 홈페
이지 내 특정 세부 페이지를 연결 URL로 설정하고자 하는 경우
활용해서 모든 입력이 끝나면 '광고 만들기' 버튼을 클릭한다.

네이버 검색 광고 소재 만들기

소재 만들기

제목		키워드삽입 ∨
	1자 이상 입력하세요. 0/15	
설명		키워드삽입 ∨
	20자 이상 입력하세요. 0/45	
표시 URL (PC) ⑦	https://blog.naver.com/pond2016	
연결 URL (PC) ⑦	https:// ∨	blog.naver.com/pond2016
표시 URL (모바일) ⑦	https://blog.naver.com/pond2016	
연결 URL (모바일) ⑦	https:// ∨	blog.naver.com/PostList.naver?blogId=pond2016&from=postList&cate
의료광고 심의필 번호 ⑦		0/14

출처 : 네이버

   표시 URL은 내 블로그 주소를 입력하고 연결 URL은 내 블로
그에 있는 보여주고자 하는 카테고리 주소를 복사해서 붙여넣
기를 하면 된다. 예를 들어 고객이 키워드를 ○○동 상가 임대를
클릭해서 들어왔다면 ○○동 상가 임대 매물을 보여줘야 할 것
이다. 내 블로그로 표시 URL을 연결시켰다면 블로그 내 카테고
리 중 '상가 임대' 카테고리를 연결 URL로 입력해두면 되고, 저

공인중개사의 중개업 마케팅에 관한 모든 것

자의 블로그 카테고리에는 상가와 토지를 함께 카테고리를 만들어두어 여기 카테고리에 마우스를 두고 오른쪽을 누르면 링크 주소가 나온다. 이를 연결 URL에 붙여넣기를 하면 된다. 이렇게 검색 광고의 소재까지 입력을 마치면 내가 올린 비즈채널, 키워드, 소재가 순차적으로 1~2일 정도 검토가 진행된다.

네이버 검색 광고에 내 블로그 링크걸기

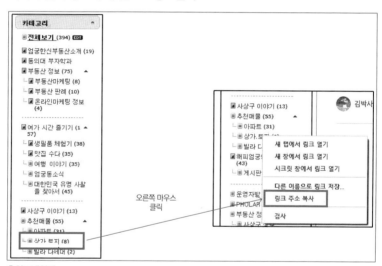

출처 : 네이버

확장 소재 만들기

새로운 확장 소재는 '계산, 추가제목, 홍보문구, 서브링크, 가격링크, 파워링크 이미지, 이미지형 서브링크, 플레이스 정보, 홍보영상, 블로그리뷰' 총 10가지 유형으로 제공되며, 기본 소재에 추가문구와 링크, 이미지를 노출할 수 있는 형태다. 네이버 PC와 모바일 통합검색 및 더보기 영역에 기본 소재와 함께 노출되며, 노출 형태와 위치는 업종, 광고 노출 영역, 광고 성과 등에 따라 달라질 수 있다. 단, 전화번호, 예약, 계산, 이미지형 서브 링크는 모바일 매체에서만 노출된다. 새로워진 확장 소재의 특징은 더 많은 정보를 노출하고, 유입 경로를 확대할 수 있고, 추가 정보의 제공 및 광고 영역의 확대로 주목도를 높일 수 있다.

네이버 검색 광고 확장 소재 만들기

확장 소재 유형

파워링크 캠페인: 전화번호, 위치정보, 네이버 톡톡, 네이버 예약, 추가제목, 홍보문구, 서브링크, 가격링크, 추가설명
쇼핑검색 캠페인: 쇼핑몰 상품유형: 네이버 톡톡, 추가 홍보 문구, 쇼핑상품 부가 정보(소재)
쇼핑검색 캠페인: 제품 카탈로그형: 카탈로그 신제품, 카탈로그 부가정보, 카탈로그 상세정보, 카탈로그 제품이미지, 카탈로그 홍보문구, 카탈로그 이벤트, 카탈로그 제품열샷
쇼핑검색 캠페인: 쇼핑 브랜드형: 쇼핑 브랜드 동영상, 쇼핑 브랜드 라이브, 쇼핑 브랜드 이벤트
플레이스 캠페인: 플레이스검색형: 플레이스 네이버 주문, 플레이스 뷰티스타일

확장 소재가 광고 효과 향상에 긍정적인 영향을 미치지 못할 때는 확장 소재의 노출이 제한됩니다.

출처 : 네이버

특정 그룹에 캠페인 단위로 설정한 확장 소재와 다른 확장 소재를 적용하고 싶은 경우, 해당 광고 그룹에만 별도의 확장 소재를 등록할 수 있다. 광고그룹 단위로 확장 소재를 만드는 경우에는 '광고 관리'메뉴를 클릭하고 캠페인과 광고그룹을 선택한 다음 '확장 소재' 탭에서 '+' 확장 소재 버튼을 클릭한다. 캠페인 단위에서는 전화번호, 위치 정보, 네이버 예약 유형만 등록할 수

공인중개사의 중개업 마케팅에 관한 모든 것

있고, 캠페인을 선택한 다음 확장 소재 탭에서 '+새 확장 소재' 버튼을 클릭하면 된다. 캠페인 유형 확장 소재를 클릭하면 전화번호, 위치정보, 네이버 예약을 광고에 삽입할 수 있으며 전화번호를 삽입하고자 할 때는 전화번호를 클릭하고, 전화번호를 추가해서 휴대폰 번호나 사무실 번호를 입력한다.

네이버 검색 광고 전화번호 걸기

출처 : 네이버

하단에 위치한 고급옵션에서 광고를 노출할 요일·시간대를 설정할 수 있으며, 노출 기간도 별도로 설정할 수 있고, 전화번호나 위치 정보 네이버 예약은 유형별로 1개씩 등록할 수 있다 (예를 들어 A라는 캠페인에서 전화번호 유형을 이미 등록했다면 A캠페인에서 전화번호를 추가할 수 없다). 만약 해당 캠페인의 확장 소재로 다른 전화번호가 노출되기를 원한다면 이미 등록한 전화번호를 삭제하고 노출되기를 원하는 전화번호를 새로 등록해야 한다. 또한 추가 제목, 홍보 문구, 서브링크, 가격링크, 파워링크

이미지, 이미지형 서브링크, 플레이스 정보, 계산은 유형별로 2
개씩 등록이 가능하다.

네이버 검색 광고 위치 정보 삽입

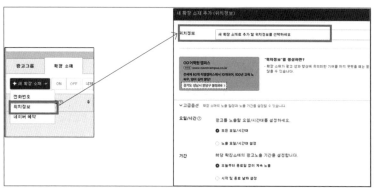

출처 : 네이버

 홍보 영상은 하나의 광고그룹 내 최대 5개 등록이 가능하고
캠페인 단위와 광고그룹 단위로 확장 소재를 등록했을 경우 광
고그룹 단위에 등록한 확장 소재가 노출되고, 이렇게 광고를 만
들고 광고 검토 결과를 확인하는 방법은 '메일' 또는 '문자' 메시
지를 통해 확인하는 방법과 광고시스템을 통해 확인하는 방법
이 있다. 광고시스템에서는 광고그룹으로 이동해 광고 소재 및
키워드 목록을 확인한다. 검토 결과에서 노출이 제한된 사유를
알아보려면 각 소재 또는 키워드 상태를 클릭해보면 알 수 있다.

비즈머니 충전하기

 비즈머니는 네이버 검색 광고 상품을 경쟁하는 데 사용되는
충전금으로 이것으로 광고 비용을 지불하며, 비즈머니가 없으

공인중개사의 중개업 마케팅에 관한 모든 것

면 광고를 집행할 수 없다. 비즈머니 충전은 '현금 입금', '신용
카드 결제', '비즈쿠폰 전환'을 통해 가능하며, 최소 충전금액은
정해져 있지는 않으나 신용카드 결제의 경우 최소 100원 이상
부터 가능하다.

네이버 검색 광고 비즈머니 충전하기

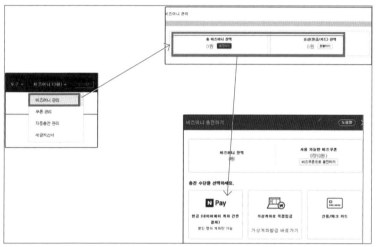

출처 : 네이버

비즈머니 충전은 가상계좌로 현금 입금, 네이버페이 계좌 간
편 결제, 신용카드 결제, 비즈쿠폰 전환 등을 통해 가능하고, 모
바일 광고관리시스템에서도 가능하다. 네이버페이의 경우 계좌
간편 결제의 한도는 1회 200만 원, 1개월 누적한도는 1,000만
원이며 최소 결제 금액은 1만원 이상이고, 네이버페이 계좌 간
편 결제는 자신 명의의 계좌만 이용 가능하다. 네이버페이 포인
트의 경우는 비즈머니 충전 결제에 사용할 수 없고, 결제 시 포
인트 적립도 되지 않는다.

키워드별 입찰가 변경하기

키워드 입찰가는 '입찰가 변경' 기능을 활용해 70원~10만 원 사이에서 입찰가를 설정할 수 있고, 광고 성과를 확인하면서 운영 중인 광고(키워드)의 적절한 입찰가를 찾을 수 있도록 관리해야 한다.

네이버 검색 광고 입찰가 변경

출처 : 네이버

입찰가는 선택 키워드 전체를 일괄 변경하는 방법과 개별 변경하는 방법이 있으며, 입찰가 일괄 변경은 여러 키워드 입찰가를 한 번에 설정할 수 있는 기능이고, 입찰가 개별 변경 기능은 각 키워드를 보면서 입찰가를 각각 조정할 수 있다.

공인중개사의 중개업 마케팅에 관한 모든 것

네이버 검색 광고 입찰가 조정

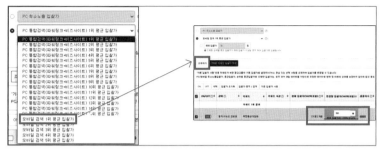

출처 : 네이버

PC 최소 노출 입찰가는 최근 4주간 검색을 통해 노출된 광고 중에서 최하위에 노출되었던 광고의 입찰가 중 가장 큰 값으로 광고의 순위와 무관하게 광고 노출 여부가 중요한 경우 참고할 수 있는 정보다. 중간 입찰가는 최근 4주간 검색을 통해 노출된 모든 광고의 입찰가를 큰 순서대로 나열했을 때 중간에 위치한 중앙값이라는 통계방식으로 계산된 값을 키워드들 간의 입찰가를 비교해볼 때 참고할 수 있는 정보다.

PC 통합검색 순위별 평균 입찰가를 보면 '부전동 상가 임대'라는 키워드가 최근 4주간 해당 순위에 노출되었던 입찰가의 평균값으로 모바일 검색 1위 평균 입찰가를 조회해보면 70원이었던 클릭당 기본 입찰가가 860원으로 기본값보다 1,229% 높게 나왔다.

입찰가는 파워링크 순위와 밀접한 관계가 있으므로 경쟁 업소들끼리 상위에 노출된다면 당연히 클릭 수가 많아질 것이고, 이 클릭 수는 곧 부동산 사무실로 전화를 하게 될 확률이 높아진다는 것을 의미한다. 입찰가가 경쟁 업소에 비해 높으면 당연히 상위 노출이 될 것이고, 경쟁 업소보다 낮으면 하단에 위치하다가

현저히 낮아진다면 아예 뒤로 밀리는 현상이 나타나기도 한다. 하지만 입찰가를 너무 높이게 되면 광고비 과다의 비용 출혈로 수익률이 낮아질 수도 있으며, 꾸준한 검색 광고 관리로 네이버 검색 광고를 상위에 노출시킬 수 있도록 노력해야 할 것이다.

비즈채널 추가하기

비즈채널은 웹사이트, 쇼핑몰, 전화번호, 위치정보, 네이버 예약 등 잠재적 고객에게 상품 정보를 전달하고 판매하기 위한 모든 채널을 의미한다. 광고 집행을 하기 위해서는 캠페인 유형에 맞는 비즈채널을 반드시 등록해야 하고, 또한 비즈채널은 확장 소재의 구성요소로 활용할 수도 있으며, 비즈채널 등록 후 확장 소재 탭에서 노출 여부를 선택할 수 있다.

네이버 검색 광고 비즈채널 추가하기

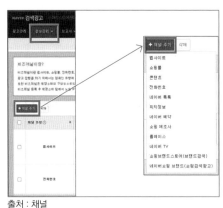

출처 : 채널

비즈채널 추가는 광고시스템의 '정보관리 → 비즈채널 관리' 에서 채널 추가 목록 상자를 클릭해서 추가 여부를 설정한다.

공인중개사를 위한

인터넷 중개 실무

제**6**장

유튜브
마케팅

유튜브는 전 세계 최대 무료 동영상 사이트로 사용자가 영상을 시청·업로드·공유할 수 있는 동영상 플랫폼이다. 2005년 4월 23일 본격적인 서비스가 시작되어 2006년 10월 16억 5,000만 달러의 가격으로 구글이 인수했고, 한국은 2008년 1월 23일 서비스를 시작했다. 2023년 현재 세계 최대 규모의 비디오 플랫폼이다.

유튜브 앱의 국내 사용률은 98.74%를 기록하며 주요 매체들 가운데 가장 높고, 2022년 9월 유튜브 앱 사용자 수는 4,183만 명으로 우리나라 인구 약 5,163만 명의 81%에 달한다고 빅데이터 플랫폼 기업 아이지에이웍스 모바일인덱스는 발표했다. 총 사용 시간은 13억 8,057만 3,200시간으로 1인당 월 평균 32.9시간을 사용한 것으로 나타났으며, 10대 이하의 남성이 1인당 월평균 사용 시간 45.2시간으로 가장 큰 이용자층이고, 그다음으로 20대 여성(40.2시간), 20대 남성(39.6시간)순으로 나타났다.

현재 유튜브는 동영상 프로그램으로 검색 채널로의 영향력을 확장하면서 우리나라 검색 채널로의 영향력을 확장하며 검색포털 1위인 네이버를 위협하고 있는 상황이다. 웹 기반의 검색엔진 시장에서도 네이버의 점유율이 2023년 2월부터 60% 밑으로

공인중개사의 중개업 마케팅에 관한 모든 것

내려앉으며 4개월째 하락세에 머물고 있지만 구글의 점유율은 빠르게 상승하고 있는 모양새다.

1인 미디어시대 유튜브는 모바일 중심의 동영상 콘텐츠 이용이 꾸준하게 증가하면서 검색 채널로서의 영향력을 미치는 동영상 콘텐츠로 성장하고 있으며, 국내 모바일 동영상 하루 평균 시청 시간이 75%로 전체 모바일 인터넷 이용 시간 166.5분의 45%를 차지하고 있다. 유튜브와 블로그 운영의 차이점을 잠시 살펴본다면 블로그는 키워드를 통한 검색을 이용해 고객이 접근하는 형태고, 유튜브는 메인페이지에 노출되는 유입이 대다수라는 것이 가장 큰 차이점으로 블로그는 양질의 콘텐츠로 체류 시간을 충분히 가질 수 있도록 해야 하고, 제목이 검색 노출에 매우 중요한 비중을 차지하고 있기 때문에 글자 하나하나가 본문 게시글에 있는 글자들보다 상위 노출에 중요한 역할을 하고 있다.

유튜브의 경우는 사용자별 패턴을 분석하는 유튜브 알고리즘의 선택에 따라 메인에 노출되는 영상이 중요하며, 이 영상들 중 가장 먼저 보이는 섬네일을 클릭하고 싶도록 만들어야 하고, 검색을 통한 유입 또한 영상을 보다가 바로 나가지 않고 일정 시간 이상 오래 머물러 있고 싶은 양질의 영상을 만들어야 할 것이다. 유튜브나 블로그 둘 다 다른 방법을 통해 노출되기는 하지만 가장 중요한 것은 간단하게라도 꾸준하게 지속해서 영상이나 게시글을 올려야 한다는 공통점을 갖고 있다. 유튜브는 진입 장벽이 낮아 누구나 구글 아이디만 있으면 신분이나 직책을 가지리 않고 홍보를 할 수 있고, 덤으로 유튜브 크리에이터라는 직업도 얻으면서 수익 창출과 유명세까지 얻을 수 있게 되었다. 정보 전달을 하는 것 외에 광고 재생을 하면서 수익을 올리거나 대외적으로 광고 회사로부터 콜을 받는 경우도 있고, 일정 구독자, 누적 재생 시간 등의 요건을 갖추면 수십만 원부터 수천 만 원까지의 수익을 올릴 수 있다.

최근에는 공인중개사들이 드론으로 촬영한 임야나 전원주택, 재개발 현장들을 찍어올리는 경우도 있고, 아파트나 오피스텔의 실내 영상 등을 스마트폰으로 영상을 찍거나 고프로와 같은 전문 카메라를 이용한 영상들이 이미지보다 전달력도 더 높아지면서, 블로그보다 더 좋은 홍보 효과를 보고 있는 실정이다. 많은 장비를 구입해서 너무 거창하게 유튜브를 시작하기보다는 요즘 유행하는 숏폼 동영상을 스마트폰으로 만들어 유튜브 쇼츠로 매일 올리는 습관을 만들고, 이 영상으로 블로그 모먼트에도 사용하면서 동영상 콘텐츠 폼 만들기를 익히는 연습부터 해보자.

01 유튜브 설정

구글 계정 만들기

크롬을 다운받고 구글을 동기화하는 부분은 배웠으니 구글사이트 회원가입을 하는 방법을 알아보자. 구글 계정은 크롬 브라우저를 열고 구글 창의 오른쪽 상단에서 로그인 페이지를 열어 '계정 만들기'를 클릭한다. 자기 계정, 자녀 계정, 비즈니스 계정 중 자기 계정을 선택한 후 성과 이름을 입력한 후에 기본정보(생일과 성별)를 입력한다. 그리고 G-mail 주소를 만든다.

구글 계정 만들기

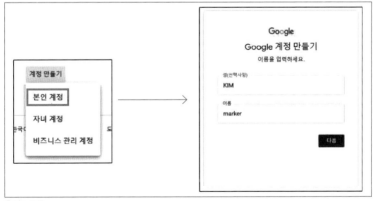

출처 : 구글

구글 계정 인증코드 받기

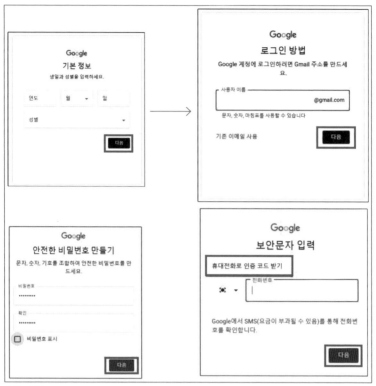

출처 : 구글

그리고 비밀번호를 만들고 휴대폰으로 인증 코드를 받는다. 인증코드가 문자로 오면 기록한다. '복구이메일 추가'는 편의사용자 계정에서 문제가 생길 경우를 대비해 입력해두는 이메일로 기입해두거나 건너뛰기로 생략해도 된다.

공인중개사의 중개업 마케팅에 관한 모든 것

인증코드 입력

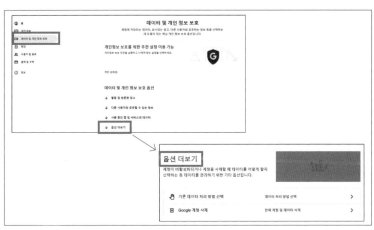

출처 : 구글

　전화번호 추가 기능도 건너뛰기가 가능하고, 계정 정보를 검
토한 후에 구글 약관에 동의를 하면 계정이 만들어진다. 이미 만
들어진 구글 계정을 삭제하고 싶다면 내 구글 계정으로 이동해
서 왼쪽 탐색 패널에서 '데이터 및 개인 정보 보호'를 클릭하고
'옵션 더보기'로 들어가 '구글 계정 삭제'를 클릭해서 내가 만들
었지만 필요 없는 계정을 삭제시킬 수 있다.

구글 계정 옵션

출처 : 구글

유튜브, 구글 드라이브, 구글 포토, 그리고 구글 메일 등은 앞으로도 자주 사용하게 될 프로그램이니 구글의 계정 하나를 만들어두면 편하게 사용할 수 있다.

크롬 설치 및 세팅하기

인터넷 웹 브라우저 시장을 장악했던 인터넷 익스플로러 서비스는 2023년 2월 공식적으로 종료했다. 대신 빠르고 확장성이 큰 크롬 사용을 습관화해보자. 먼저 네이버 검색창에서 웹 브라우저 '크롬'을 검색해서 다운받는다.

크롬 설치

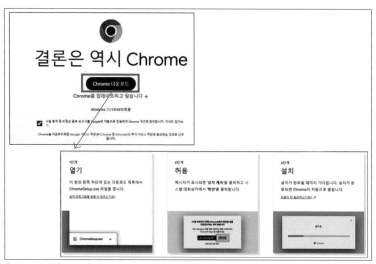

출처 : 크롬 다운로드 화면

크롬 다운로드를 클릭해 왼쪽 하단에 설치 프로그램이 나타나면 파일을 열고 '설치 계속'을 클릭하고 시스템 대화 상자에

공인중개사의 중개업 마케팅에 관한 모든 것

서 확인을 클릭해서 설치가 완료될 때까지 기다리면 크롬이 자동으로 실행된다. 크롬 웹 브라우저를 사용하게 되면 다양하게 활용해볼 수 있는 기능들 중 구글과 크롬 브라우저를 동기화시켜 앱, 북마크(즐겨찾기), 확장 프로그램, 방문 기록, 설정, 테마, 열린 탭, 비밀번호, 주소, 전화번호, 구글 플레이스토어 결제 수단까지 좀 더 편리하게 사용·관리할 수 있다. 설정 한 번으로 크롬을 열 때 처음 보이는 홈 화면을 내가 자주 사용하는 네이버나 다음으로 설정할 수도 있고, 주로 사용하는 검색창 등을 설정해서 사용할 수 있으므로 익스플로러보다 더 빠르게 사용할 수 있을 것이다.

구글과 크롬 브라우저의 동기화는 먼저, 크롬을 열면 구글 검색창이 나오고 오른쪽 상단 점 3개를 클릭해서 '설정'을 누른다.

크롬 설정

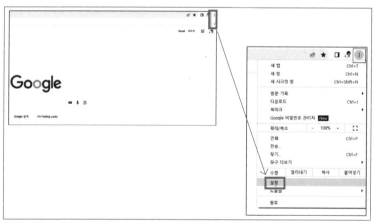

출처 : 구글

설정창을 클릭해 '나와 구글의 관계'를 보면 동기화 및 구글 서비스가 보인다.

구글 동기화 설정

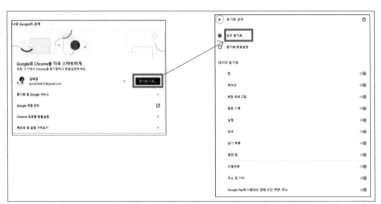

출처 : 구글

동기화 관리로 들어가 모두 동기화를 시켜 앱부터 구글 플레이 스토어 결제까지 할 수 있고, 모든 기기에서 동기화 설정을 해두거나 동기화 맞춤 설정으로 원하는 항목만 동기화를 할 수도 있다.

구글 동기화 설정

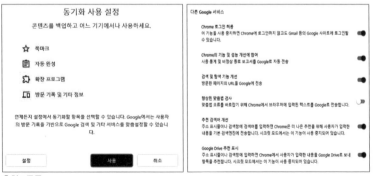

출처 : 구글

공인중개사의 중개업 마케팅에 관한 모든 것

'다른 구글 서비스'의 '크롬 로그인 허용'을 보면 해당 기능을 사용 중지하면 크롬에 로그인하지 않고도 G-mail 등의 구글에 로그인할 수 있다라고 설명되어 있는데, 이 버튼을 활성화시켜 주는 것이 편리할 것이다. 이렇게 구글과의 맞춤 설정을 원하는 항목만 버튼을 활성화시키면 된다.

다음 자료처럼 구글 설정의 '모양' 탭에서는 홈 버튼 설정과 북마크바 표시, 그리고 글꼴 맞춤, 페이지 설정이 가능하고, 저자의 경우 홈 버튼을 네이버로 정해 네이버 홈페이지 주소를 사용하고 있어 인터넷 익스플로러를 사용할 때처럼 별 불편함 없이 크롬 브라우저를 사용하고 있다.

구글 홈 버튼 표시

출처 : 구글

북마크바 표시는 인터넷 익스플로러에서 즐겨찾기 기능으로 사용되므로 활성화해 즐겨찾기에 자주가는 홈페이지를 북마크로 표시해 사용해본다.

구글 북마크바

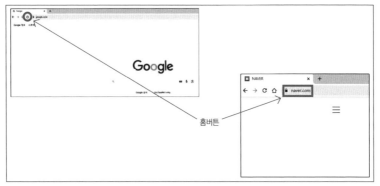

홈버튼

출처 : 구글

크롬을 열었을 때 홈 버튼을 클릭하면 설정해둔 네이버 홈페이지가 열리고, 북마크에는 저자가 자주 가는 사이트를 설정해두고 사용하고 있다.

북마크바 표시

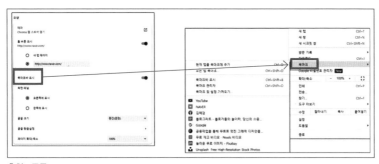

출처 : 구글

검색엔진 세팅은 검색창을 클릭했을 때 자주 사용하는 검색사이트를 설정해주는 곳으로 저자의 경우는 네이버로 세팅하고있음을 알 수 있고, 시작그룹에서 특정 페이지 또는 페이지 모음에서는 자주 가는 내 블로그나 카페 아니면 부동산 홈페이지를 등록해두면 크롬을 열었을 때 상단에 나타나므로 빠르게 사용할 수 있다.

크롬 시작그룹 설정

출처 : 구글

유튜브 개인 계정 및 채널 만들기

구글 등록으로 만든 계정으로 유튜브에 로그인해 유튜브 화면 오른쪽 상단에 있는 채널 아이콘 모양을 클릭한 후 '내 채널'을 클릭한다.

유튜브 개인 계정 및 채널 만들기

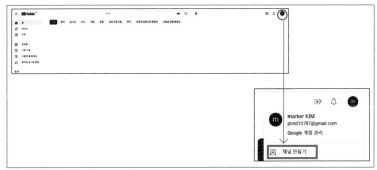

출처 : 유튜브

유튜브 계정으로 만든 이름이 유튜브 채널의 이름이 되지만 추후 수정은 가능하다. 유튜브 채널 이름은 내 유튜브의 타이틀 개념으로 임의로 입력한 후 90일간 3회까지 바꿀 수 있으므로 천천히 구상해서 내가 유튜브로 알리고 싶은 내용을 잘 표현할 수 있는 채널 이름을 설정해보자. 채널 이름은 본명을 사용해도 되지만 블로그 닉네임처럼 내가 하는 일, 내가 유튜브를 통해서 알리고 싶은 분야 등에 따른 이름을 지어서 다른 사람들이 알기 쉽고, 관심을 가질 수 있는 이름으로 창의적으로 만들기를 추천한다.

| 실전 Tip | 유튜브 채널에 좋은 이름

· 자신의 관심 분야를 알릴 수 있는 이름
· 오랜 세월이 지나도 후회하지 않을 이름
· 내 브랜드를 알릴 수 있는 이름
· 유튜브에 전달하고자 하는 콘텐츠가 잘 전달될 수 있는 이름
· 대중성, 즉 사람들이 좋아할 수 있는 이름

유튜브 내 핸들

출처 : 유튜브

공인중개사의 중개업 마케팅에 관한 모든 것

핸들은 유튜브에서 크리에이터를 찾아 소통할 수 있는 수단으로 채널 이름과 구분되는 고유하고 짧은 채널 식별자로 '@' 기호로 시작한다. 핸들명의 기준은 영문 3~30자 기준, 영문과 숫자(A~Z, a~z, 0~9)로 구성되고, 핸들에 밑줄(_), 하이픈(-), 마침표(.)도 포함할 수 있다. URL 또는 전화번호와 비슷한 형식은 아니다. 예를 들어 @kimmarketr으로 변경해 사용할 수 있다. 내 프로필에 사진을 업로드하고 핸들은 내 채널을 찾기 쉬운 영문으로 수정하고, 아래쪽 '채널만들기'를 클릭하면 유튜브 채널은 만들어진다.

유튜브 채널 시작하기

출처 : 유튜브

유튜브 스튜디오 설정

이곳은 레이아웃, 브랜딩, 기본 정보를 설정하는 곳으로 레이아웃은 비 구독자 대상 채널, 추천 동영상(재방문 구독자 대상), 채널 섹션을 구성할 수 있으며, 브랜딩에서는 프로필 사진, 배너

이미지, 동영상 워터마크를 업데이트할 수 있다.

· 레이아웃

기본 정보는 채널 이름, 핸들, 설명, 사이트 링크를 맞춤 설정할 수 있다.

유튜브 채널 맞춤 설정

출처 : 유튜브

추천 섹션은 섹션 추가를 클릭하면 동영상, 재생목록, 멤버십, 채널의 콘텐츠가 뜨는데 동영상을 선택하면 동영상, 쇼츠(Shorts) 동영상, 실시간 스트림이 강조 표시되고, 재생목록을 선택하면 하나 또는 여러 개의 재생목록, 내가 만든 재생목록이 강조 표시된다. 멤버십을 사용 설정한 채널에서는 회원 전용 동영상 등을 강조 표시할 수 있으며, 채널을 선택하면 구독 및 추천 채널이 강조 표시된다.

유튜브 섹션 추가

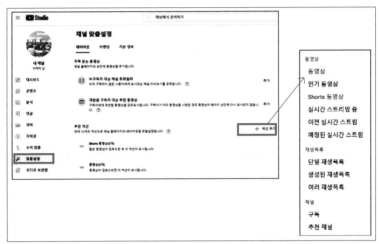

출처 : 유튜브

· 브랜딩

브랜딩에서는 프로필 사진을 업로드하고 PNG 또는 GIF파일을 이용할 수 있다. 사이즈는 98×98픽셀 이상, 4MB 이하의 사진 사용이 가능하고, 배너이미지는 PC, 모바일, TV 화면의 상단에 노출되는 이미지로 2,048×1,152픽셀 이상, 6MB 이하의 이미지를 사용한다.

채널아트의 경우는 구독자가 프로필에서 가장 먼저 보게 되는 이미지로 미리캔버스나 캔바 등에서 유튜브 채널아트 템플릿을 찾아서 만들면 더 전문가스럽게 빨리 만들 수 있다.

·동영상 워터마크

동영상 워터마크는 동영상 플레이어의 오른쪽 모서리 부분에 표시되는 이미지로 150×150픽셀의 사이즈가 권장되며 1MB 이하의 PNG, GIF, BMP, JPEG 파일을 사용한다.

유튜브 채널아트 사이즈

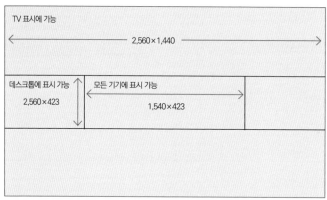

출처 : 저자 제공

워터마크는 미리캔버스에서 사이즈 150×150픽셀로 정한 후 채널 이름을 적거나 자신의 이니셜 같은 것을 만들어 업로드한다.

유튜브 동영상 워터마크

출처 : 유튜브

공인중개사의 중개업 마케팅에 관한 모든 것

기본 정보는 콘텐츠 이름 설정, 핸들, 시청자에게 채널에 대한 설명을 기록하는 곳으로 시청자와 공유할 링크(블로그를 하는 사람은 블로그 주소를 복사해서 넣는다), 이메일 등을 기록하고, 상단에 게시를 클릭해 채널 맞춤설정을 완료한다.

유튜브 스튜디오 설정

설정은 일반, 채널, 업로드 기본 설정, 권한, 커뮤니티, 그리고 약관이 있는 곳이다. '일반'에서는 통화의 기본 단위를 '미국 달러'로 설정하고, '채널'에서는 거주 국가 '대한민국'을 체크하고, '키워드 입력'은 유튜브에서 많이 사용할 키워드들을 쉼표로 구분해 입력하고, '고급 설정'에서는 위치에 상관없이 모든 크리에이터는 아동 온라인 개인정보 보호법(COPPA) 및 기타 법률을 준수해야 할 법적인 의무가 있으므로 아동용 동영상인지 여부를 크리에이터가 지정해야 한다.

유튜브 채널을 구글 애드 계정에 연결하면 연결된 구글 애드 계정에서 채널 동영상과의 상호작용을 기반으로 광고를 게재할 수 있다. 연결된 구글 애드 계정은 동영상 광고의 자연 조회 측정항목에 액세스하고, 채널을 방문하고 상호작용하는 사용자에게 광고를 표시하며, 사용자가 광고를 시청한 후 채널과 상호작용하는 방식에 대한 통계를 확인할 수 있는 권한을 받게 된다.

유튜브 스튜디오 설정

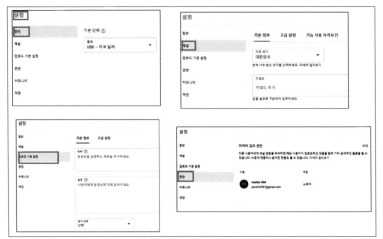

출처 : 유튜브

유튜브의 광고 수입은 구글 애드센스를 통해 지급되는데, 1년 이내 유튜브 구독자 수 1,000명 그리고 지난 365일간 긴 형식 공개 동영상의 시청 시간 4,000시간이나 지난 90일간 공개 쇼츠 동영상의 조회 수 1,000만 회가 되면 광고 수익이 발생한다.

다음에서 보듯, '채널'의 '기능 사용 자격요건'은 유튜브에서 지원하는 다양한 도구와 기능을 제공하고 있지만, 일부의 기능의 경우는 추가 인증이 필요하도록 되어 있다. 추가 인증 방법은 중급 기능을 클릭해 전화번호를 입력하고 메시지 또는 음성으로 인증번호를 받는다. 중급기능을 인정받으면 15분 넘는 동영상을 업로드할 때, 맞춤 섬네일, 스트리밍 기능을 사용할 수 있다.

공인중개사의 중개업 마케팅에 관한 모든 것

유튜브 채널 기능 사용 자격요건 설정

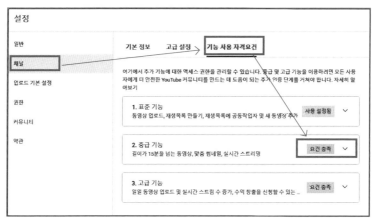

출처 : 유튜브

고급 기능에서는 커뮤니티 게시물, 댓글 고정 기능을 사용할 수 있으며, 전화 및 신분증·영상 인증을 사용해 인증을 완료할 수 있다. 예를 들어 신분증 확인으로 인증을 받는 방법은 다음과 같다.

신분증 사용을 선택 → 이메일 받기를 클릭 → 구글에서 보내는 이메일을 받거나 QR 코드를 스캔 → 휴대전화에서 이메일을 열고 확인 시작을 탭 → 구글에서 신분증을 사용하는 방식과 신분증이 보관되는 방식에 대한 설명을 읽고 인증을 계속 진행하려면 동의를 클릭 → 안내 메시지를 따라 신분증의 사진 찍기(신분증의 생년월일과 구글 계정에 표시된 생년월일이 일치하는지 확인 필요) → 제출을 클릭 → 제출이 완료되면 구글에서 신분증 검토를 시작(대개 24시간이 걸림) → 인증 완료

영상 인증 완료하기를 시도해보면, 기능 자격요건 다음 고급
기능 다음 기능 액세스를 클릭 → 영상 인증 사용을 선택하고
다음 및 이메일 받기를 클릭 → 구글에서 보내는 이메일을 받거
나 QR 코드를 스캔 → 휴대전화에서 이메일을 열고 확인 시작
을 탭 → 안내 메시지에 따라 점을 따라가거나 머리를 돌리는
등의 동작을 수행 → 인증 영상이 업로드되면 구글에서 해당 영
상을 검토 → 검토를 완료하는 데 일반적으로 24시간이 걸리며,
승인되면 이메일이 전송

구글 애드센스 계정 만들기

구글 애드센스는 웹 사이트의 소유주가 구글 광고를 자신의
사이트에 게시하는 데 사용할 수 있는 무료 툴로 광고 수수료가
최소 100달러가 되면 매달 계좌로 현금 지급되고, 구글 아이디
로 쉽게 가입할 수 있다. 애드센스 홈페이지에서 시작 → 광고

유튜브 구글 애드센스 가입

출처 : 유튜브

공인중개사의 중개업 마케팅에 관한 모든 것

할 유튜브 계정 선택 → 시작 전 필요한 설정 → 내 사이트 입력 → 애드센스 최대한 활용하기 체크 → 수취인 국가 선택 → 아래쪽 애드센스 약관 수락을 하면 애드센스 광고 수익을 받을 수 있다. 단, 조건은 1년 이내 유튜브 구독자 수 1,000명, 그리고 지난 365일간 긴 형식의 공개 동영상의 시청 시간 4,000시간이나 지난 90일간 공개 쇼츠 동영상의 조회수가 1,000만 회가 되면 광고 수익이 발생한다.

유튜브 애드센스 시작

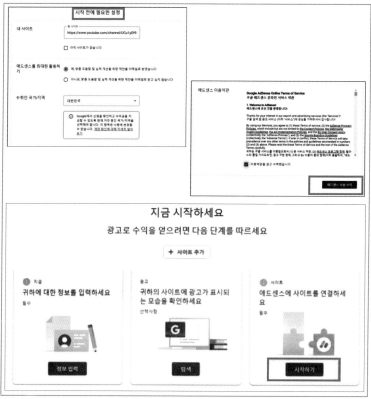

출처 : 유튜브

업로드 기본 설정

업로드 기본 설정의 선택 사항은 모든 웹 업로드에 적용되며 동영상 공개의 범위, 카테고리, 제목, 태그, 댓글, 언어 등에 기본값을 설정할 수 있다. 고급 설정에서 자동챕터는 챕터 및 주요 순간을 사용하면 동영상을 더 쉽게 시청할 수 있으며, 동영상 설명에서 자체적으로 챕터를 만들어 자동 챕터를 덮어쓸 수 있다. 동영상 챕터를 추가하면 동영상에 구간이 나누어지고 각 구간의 미리보기가 생성되고, 챕터가 있으면 동영상 각 구간에 정보와 배경을 추가할 수 있어 동영상의 여러 다른 구간을 쉽게 다시 시청할 수 있다. 크리에이터는 자신이 업로드한 동영상마다 동영상 챕터를 직접 추가하거나 자동 동영상 챕터 기능을 이용할 수 있으며 유튜브 스튜디오에서 자동 동영상 챕터 기능을 선택 해제할 수도 있다. 유튜브 동영상에 댓글을 허용 또는 사용 안 함, 검토를 위해 댓글 보류, 부적절할 수 있는 댓글은 검토를 위해 보류를 선택할 수 있다.

유튜브 업로드 기본 설정

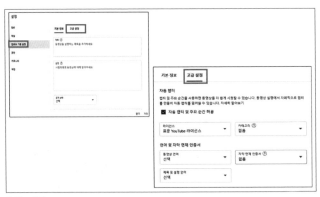

출처 : 유튜브

공인중개사의 중개업 마케팅에 관한 모든 것

'설정'에 들어가 권한에서 다른 사용자에게 채널 권한을 부여하면 해당 사용자가 업로드하고 댓글을 달며 기타 공개적인 활동을 할 수 있고, 비공개 댓글이나 숨겨진 댓글도 볼 수 있다. 채널 권한의 유형을 보면 소유자는 모든 플랫폼에서 다음을 포함한 모든 작업을 할 수 있고, 채널 삭제, 라이브 스트림 및 실시간 채팅 관리, 권한 관리를 할 수 있고, 다른 사용자에게 소유권을 이전할 수는 없다.

관리자는 모든 채널 데이터를 조회할 수 있고, 권한을 관리할 수 있다. 그리고 채널 세부 정보를 수정, 라이브 스트림을 관리, 콘텐츠(초안 포함)를 만들고, 업로드하고, 게시하고, 삭제할 수 있으며, 라이브 관제실에서 채팅을 하거나 채팅을 검토, 게시물을 작성, 댓글을 작성할 수 있다. 하지만 채널은 삭제할 수 없으며, 구글 애드 계정은 연결할 수 없다.

편집자의 역할은 모든 채널 데이터를 조회, 모든 항목을 수정하는 것이 가능하고, 콘텐츠를 업로드하고 게시하는 것도 가능하며 라이브 스트림을 관리할 수 있디. 그리고 초안을 삭제하는 것이 가능하고, 라이브 관제실에서 채팅을 하거나 채팅을 검토, 게시물을 작성할 수 있으며, 댓글을 작성할 수 있다.

하지만 채널 또는 게시된 콘텐츠를 삭제할 수는 없고, 권한을 관리할 수 없다. 계약을 체결할 수 없으며 예약된 라이브·완료된 스트림을 삭제할 수 없다. 스트림 키를 삭제하거나 재설정할 수 없고, 구글 애드 계정을 연결할 수 없다. 그 외 편집자(제한적), 자막편집자, 뷰어, 뷰어(제한적)의 유형이 있다.

· 커뮤니티

커뮤니티에 게시물을 올리려면 구독자 수 500명이 넘어야 이용할 수 있고, 최소 1주일 후에 커뮤니티 탭이 보이기 시작한다. 커뮤니티 설정에는 자동화 필터와 기본 설정을 일부 수정하면 내가 직접 지정한 단어와 유튜브 자체적으로 부적절한 댓글을 검토해 등록이 보류되게 하는 기능이 포함되어 있다.

유튜브 커뮤니티

출처 : 유튜브

오디오 보관함

동영상에 사용할 로열티 없는 프로덕션 음악과 음향 효과를 찾을 수 있으며, 저작권 문제없이 사용이 가능하다. 음악이나 음향을 찾는 방법은 무료 음악 탭에서 필터나 검색창을 이용해 동영상에 넣을 트랙을 찾을 수 있고, 검색창에 트랙 제목이나 아티스트, 키워드를 입력해 특정 트랙을 찾을 수 있으며, 또한 트랙 제목, 장르, 분위기, 아티스트 이름, 저작자 표시, 길이(초 기준)별로 음악을 필터링할 수도 있다. 각 열의 이름을 클릭하면 트랙 제목, 아티스트 이름, 길이, 날짜별로 검색 결과를 정렬할 수 있다. 트랙 제목 옆에 있는 별표 아이콘을 클릭해 좋아하는 트랙을 저장할 수도 있다.

02 유튜브 맞춤 화면 설정

유튜브 상단에서 로그인을 한 후 클릭을 하면 유튜브 설정 창이 아래쪽에 보인다. 클릭해서 들어가보면, 내 채널 아래에 채널 상태 및 기능에서는 앞에서 설정해두었던 채널 기본 설정 창이 열리며 새 채널 만들기가 보인다.

유튜브 내 계정 설정

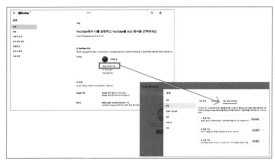

출처 : 유튜브

유튜브 채널은 개인 계정과 브랜드 채널 두 가지가 있는데, 개인 계정은 성과 이름으로 나누어져 설정해 이름만 표시되기 때문에 채널명 전체가 노출되지 않으며, 자기 1인만 관리자가 되어 채널을 관리할 수 있기 때문에 추후 다른 관리자가 생기면 아이디와 비밀번호를 공유해야 하는 상황이 생길 수도 있다.

브랜드 계정은 채널명을 자유롭게 설정할 수 있고 한 계정에서 여러 채널을 생성하고 관리할 수 있으며, 계정의 관리자는 채널의 관리자를 추가로 지정할 수 있어 개인정보 노출의 위험이 없고, 채널 관리를 효율적으로 할 수 있다.

브랜드 채널을 만드는 과정을 보면 먼저 '유튜브 → 설정 → 새 채널 만들기'에서 브랜드 채널의 이름을 내 콘텐츠와 잘 맞게 만들어 사용하면 좋다.

유튜브 채널 이름 만들기

출처 : 유튜브

'설정'의 '고급 설정'에서는 유튜브 사용자의 아이디, 채널 ID 등을 새롭게 설정할 수 있고, 브랜드 채널이나 구글 다른 계정으로 유튜브 채널을 이전할 수 있다.

공인중개사의 중개업 마케팅에 관한 모든 것

유튜브 고급 설정

출처 : 유튜브

'설정'의 '알림'은 알림을 받을 시간과 방법을 선택하는 곳으로 모바일과 데스크톱 알림 관리를 함께할 수 있으며 구독, 맞춤 동영상, 내 채널 활동, 내 댓글에 달린 댓글, 멘션(다른 사용자가 내 채널을 언급하는 것), 공유된 콘텐츠의 알림창을 설정할 수 있다. 이메일 알림 또한 내 가족, 일반적인 제품 업데이트, 유튜브 프리미엄 업데이트, 크리에이터를 위한 업데이트 및 공지사항 등을 각각 설정할 수 있다.

'설정'의 '재생 및 실적'은 동영상 시청 환경 관리를 하는 곳으로 재생 설정이 이 브라우저에만 적용된다. '설정'의 '공개범위 설정'은 내가 저장한 재생목록과 구독 정보를 볼 수 있는 사용자를 선택하는 곳이다.

유튜브 홈 화면 이해하기

유튜브 홈 화면 중앙에는 동영상들이 뜨는데, 그 외 좌측 카테고리와 상단 화면의 구성은 어떤 것이 있는지 알아본다.

유튜브 홈 화면

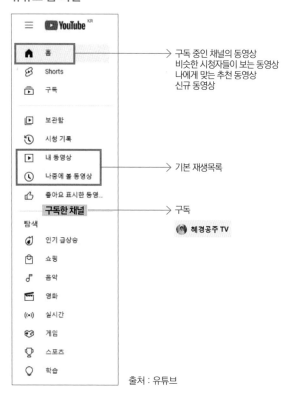

출처 : 유튜브

유튜브 홈 화면은 유튜브 홈페이지에 접속하면 처음 나오는 화면으로 내가 구독한 채널과 시청한 동영상을 위주로 개인의 관심사를 분석해서 취향에 맞는 콘텐츠를 추천하는 영상들이 나열되는 곳이다. 시청자가 로그인을 하지 않은 상태라도 해당 기기에서 시청한 영상들을 분석해서 취향에 맞는 동영상을 보여주고 있으며, 실시간으로 올라오는 영상을 위주로 조회 수 증가율, 조회 발생 지역을 분석해서 유튜브 자체에서 계속 업그레이드해준다.

구독은 사용자가 구독한 콘텐츠를 시간대 순으로 나열하고, 구독자들은 이곳에서 내가 구독한 콘텐츠를 실시간으로 받아볼 수 있고, 보관함에는 시청 기록과 나중에 볼 동영상, 재생목록, 좋아요를 표시한 동영상 내 클립(마음에 드는 동영상을 잘라서 공유하는 기능)을 저장해놓은 곳이다.

유튜브 상단 메뉴

출처 : 저자 제공

유튜브 상단 메뉴에는 동영상 검색, 동영상 업로드, 알림서비스 그리고 로그인 창이 있다.

유튜브 동영상 업로드 방법

유튜브 정책 가이드라인에서는 크리에이터들이 콘텐츠를 제작하고 커뮤니티 소통, 공유, 형성을 위한 최고의 공간으로 유튜브를 만드는 데 도움이 되는 상식적인 원칙과 허용되는 콘텐츠 유형, 스팸 또는 괴롭힘 등에 대한 금지 규정을 다루고 있다. 콘텐츠가 커뮤니티 가이드를 위반하는 것으로 확인되면 주의(최초 위반 시)를 받게 된다. 이후 콘텐츠가 또 다시 정책을 위반한 것으로 확인되면 커뮤니티 가이드 경고를 받게 되고, 주의를 받은 후 1차 경고를 받으면 동영상, 실시간 스트리밍, 스토리, 맞춤 미리보기 이미지, 게시물 등의 콘텐츠를 2주간 게시할 수 없다. 동영상 신고가 접수되면 유튜브 팀에서 동영상과 맥락을 검토해 동영상의 제한, 삭제 또는 유지 여부를 결정하며 교육, 다큐멘터리, 과학, 예술 등 목적에 맞게 제작한 동영상인지도 평가한다.

· PC에서 동영상 업로드하는 방법

유튜브 로그인 상태에서 홈 화면 상단 비디오 모양을 선택해서 동영상을 저장해둔 파일에서 동영상을 선택해 '열기'를 한다.

유튜브 PC에서 동영상 업로드

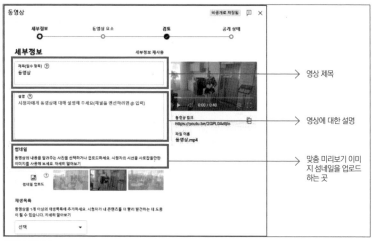

출처 : 유튜브

'세부 정보'는 동영상 제목을 입력하는 곳으로 글자 수는 최대한 허용 범위 내에서 입력하는 것이 좋으며(100자 내외) 설명에는 시청자에게 영상을 잘 표현해주어야 하며 최대 5,000자까지 입력할 수 있다.

공인중개사의 중개업 마케팅에 관한 모든 것

섬네일은 업로드 시 섬네일을 따로 설정하지 않으면 영상의 일부분이 자동으로 캡처되어 업로드되므로 영상을 보기 전 핵심 내용이 어떤 것인지 파악할 수 있어야 하므로 크기 1280px×720px로 미리보기 이미지로 파워포인트나, 미리캔버스, 캔바 등으로 만들어 영상에 적합한 이미지를 만들어 삽입한다. 유튜브는 영상 콘텐츠를 잘 만들어야 하지만 다음으로 시청자가 클릭을 부르는 섬네일을 만들어야 하므로 주제를 정확하게 알릴 수 있는 이미지, 주제와 관련성 있는 이미지, 어두운 느낌보다는 밝은 느낌을 주는 이미지를 사용해 시청자들이 보기 좋은 이미지를 만들어 클릭을 높일 수 있는 섬네일을 만드는 것이 중요하다. 특히 유튜브 가이드에 위배가 되는 이미지를 사용할 경우는 노출되지 않을 수도 있으니 주의해야 한다.

섬네일을 간단하게 만들어보면, '미리캔버스 모든 템플릿에서 → 유튜브 → 섬네일'을 클릭한다.

유튜브 섬네일 만들기

출처 : 유튜브

영상의 중요 부분을 캡처해 미리캔버스 업로드에서 캡처한 영상 이미지를 업로드해 만들어보기로 한다.

미리캔버스 내 사진 업로드

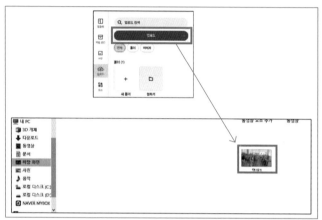

출처 : 저자 제공

업로드한 이미지를 섬네일의 바탕화면으로 사용한다.

내 사진을 이용한 유튜브 섬네일

출처 : 저자 제공

공인중개사의 중개업 마케팅에 관한 모든 것

업로드한 이미지를 클릭하면 섬네일 이미지로 삽입되고, 삽입된 이미지에 오른쪽 마우스를 클릭해서 바탕화면으로 이미지를 만든다.

유튜브 섬네일

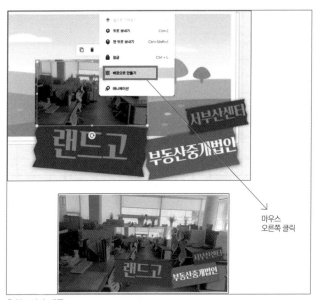

마우스
오른쪽 클릭

출처 : 저자 제공

유튜브 시청자층 체크

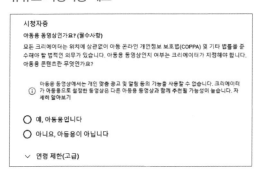

출처 : 유튜브

섬네일이 완성되어 영상을 유튜브에 업로드할 때 시청자층 선택을 체크해야 한다.

유튜브 유료 프로모션

시청자층 선택하기는 업로드 기본 설정에서 해 두었다면 동영상 업로드 시에는 체크하지 않아도 되고, 부동산 유튜브는 '아니요 아동용이 아닙니다'에 체크한다.

유료 프로모션

제3자로부터 어떤 형태로든 동영상을 만드는 대가를 받았다면 YouTube에 알려야 합니다. YouTube는 시청자에게 동영상에 유료 프로모션이 포함되어 있음을 알리는 메시지를 표시합니다.

☐ 동영상에 간접 광고, 스폰서십, 보증광고와 같은 유료 프로모션이 포함되어 있음

이 체크박스를 선택하면 유료 프로모션이 YouTube 광고 정책 및 관련 법규와 규정을 준수한다고 확인하는 것입니다. 자세히 알아보기

자동 챕터

챕터 및 주요 순간을 사용하면 동영상을 더 쉽게 시청할 수 있습니다. 동영상 설명에서 자체적으로 챕터를 만들어 자동 챕터를 덮어쓸 수 있습니다. 자세히 알아보기

☑ 자동 챕터 및 주요 순간 허용

동영상 속 장소

시청자가 동영상에 나온 주요 장소를 살펴볼 수 있도록 도와주세요. 식당, 상점과 같은 공공장소를 추천합니다. 내 현재 위치나 다른 개인 정보는 표시되지 않습니다. 자세히 알아보기

☑ 장소 정보 자동 제공 허용

출처 : 유튜브

유튜브 태그

유료 프로모션(제3자로부터 어떤 형태로든 대가를 받음)인 경우는 동영상에 간접 광고, 스폰서십, 보증광고와 같은 유료 프로모션이 포함되어 있음에 체크해야 한다.

태그

태그는 동영상의 콘텐츠에 일반적으로 맞춤법이 틀리는 단어가 있을 경우 유용합니다. 그 외에 시청자가 동영상을 찾는 데 있어 태그가 하는 역할은 제한적입니다. 자세히 알아보기

태그 추가

각 태그의 뒤에 쉼표를 입력하세요.   0/500

언어 및 자막 면제 인증서

동영상 언어와 자막 면제 인증서(필요한 경우)를 선택하세요.

| 동영상 언어 | 자막 면제 인증서 ⑦ |
| 선택 ▼ | 없음 ▼ |

녹화 날짜 및 위치

동영상을 촬영한 시기와 위치를 추가합니다. 시청자는 위치별로 동영상을 검색할 수 있습니다.

| 녹화 날짜 | 동영상 위치 |
| 없음 ▼ | 없음 |

라이선스

라이선스 유형에 대해 알아보세요.

| 라이선스 |
| 표준 YouTube 라이선스 ▼ |

출처 : 유튜브

공인중개사의 중개업 마케팅에 관한 모든 것

유튜브에서 해시태그는 500개까지 사용할 수 있고, 사용자가 콘텐츠를 검색하는 데 도움이 되도록 동영상에 추가하는 설명 키워드라고 할 수 있어 중요한 역할을 한다. 해시태그 사용 시 중요한 점은 띄어쓰기는 하면 안 된다는 것이고, 1개의 동영상에 해시태그를 남용하지 말자(5~10개 이내 사용을 추천). 논란이 될 만한 키워드(성적인 문구, 저속한 문구)나 반복 문구는 사용하지 말자. 언어와 자막 면제 인증서는 저작자가 각각의 선택으로 하면 된다.

유튜브 업로드 설정

출처 : 유튜브

유튜브는 설정에 따라 댓글을 차단할 수도 있으며, 동영상에 '좋아요'를 표시한 시청자 수를 표시를 할 수도 있고 하지 않을 수도 있다.

유튜브 동영상 요소 추가

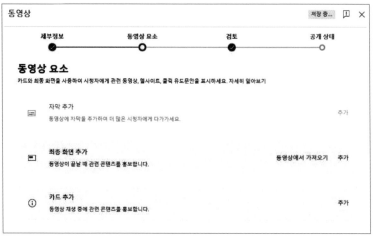

출처 : 유튜브

동영상 세부 정보를 입력하고 나면 동영상에 자막 추가도 할 수 있고 최종 화면 추가, 그리고 카드 추가를 통해 내 콘텐츠를 이어서 볼 수 있도록 삽입할 수 있다. 이렇게 동영상에 요소를 추가하는 사이 동영상에 대한 검토가 완료되었으면 다음을 클릭해, 유튜브에서 동영상에 공개 상태를 제한할 수 있는 문제점(저작권 등)이 있는지 검토한 후, 다음 화면에서 영상의 게시 시기와 볼 수 있는 사람들 선택을 통해 공개, 비공개 상태를 체크한 후에 저장 버튼을 누르면 동영상 업로드가 완료된다.

· 동영상 세부 정보 수정

동영상을 업로드했는데 미처 챙기지 못한 부분이 있다면 '유튜브 스튜디오 → 콘텐츠'에서 세부 정보 추가 또는 제목 및 설명 수정, 공유할 링크 복사하기, 오프라인 저장, 삭제를 할 수 있다.

유튜브 채널 콘텐츠

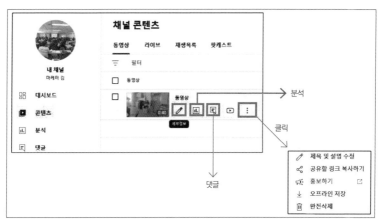

출처 : 저자 제공

유튜브 미리보기 이미지 전화인증

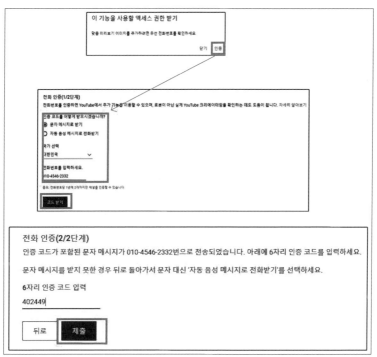

출처 : 저자 제공

섬네일 미리보기 이미지를 추가하기 위해서는 전화번호로 유튜브에서 인증을 받아야 한다. 방법은 문자나 음성으로 인증코드를 받아야 하는데, 문자로 인증을 받기 위해 '문자 메시지 받기'를 선택해서 국가를 선택 후 전화번호를 입력한 후 코드 받기를 눌러 문자 메시지로 온 인증코드를 받아 제출한 후 미리보기 이미지를 삽입해 넣는다.

·재생목록 만들기

재생목록은 동영상 보기 페이지에서 '더보기 저장→ 새 재생

유튜브 재생목록 만들기

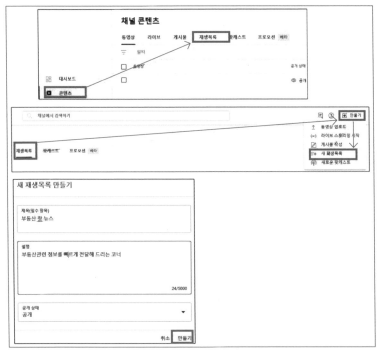

출처 : 저자 제공

공인중개사의 중개업 마케팅에 관한 모든 것

목록 만들기'를 탭하고 재생목록 이름을 입력하기도 하지만, 유튜브 스튜디오에서 콘텐츠 상단 도구에 재생목록을 클릭해서 상단의 동영상 모양을 클릭하면 '새 재생목록'을 클릭해서 내가 생각하고 있는 유튜브의 구성을 먼저 입력해둘 수 있다.

동영상 편집(키네마스터를 중심으로)

키네마스터

출처 : 키네마스터

영상 편집 프로그램은 다양하고 종류가 많지만 1인 미디어가 유행세를 타고 있는 요즘 동영상을 간단하게 편집할 수 있는 앱에는 중국의 큐비디오가 만든 '비바비디오'가 있는데, 쉬운 인터페이스와 사용법으로 인해 키네마스터가 유행하기 전에 가장 많은 사랑을 받았다. ㈜비모소프트가 만든 'VLLO'는 쉽고, 간결하고, 빠르게 영상을 편집할 수 있고, 감각적인 영상 콘셉을 제공해서 20~30대에 인기가 많은 앱이다.

㈜MELCHI가 만든 영상 앱 '멸치'는 대부분 아주 짧은 영상으로 제작되기 때문에 광고영상이나 인트로 등에 많이 사용되며, 다양한 템플릿을 이용해서 빠르면서 퀄리티 있는 콘텐츠를 만들기에 좋다. 다양한 앱을 통해 스마트폰으로 이미지나 동영상을 쉽고 간단하게 편집할 수 있지만, 여기서는 강력한 기능과 에셋을 무료로 제공하는 '키네마스터'를 중심으로 그 기능과 영

상 제작, 편집 방법을 설명하려고 한다.

키네마스터는 안드로이드 이용자들을 위한 모든 기능을 갖춘 동영상 편집기로 동영상, 사진 등의 편집을 할 수 있는 비디오 에디터다. 그 특징은 첫째, 영상 편집에 필요한 모든 기능, 영상 편집에 최적화된 직관적인 UI를 제공하고, 동영상과 이미지, 텍스트 등 레이어를 무제한으로 추가할 수 있다. 둘째, 많은 레이어들로 복잡해진 프로젝트도 타임라인을 확장해 쉽게 프로페셔널의 영역까지 영상 제작이 가능하다는 점이다.

· 키네마스터의 화면 구성 이해하기

키네마스터 홈 화면

출처 : 키네마스터

스마트폰 구글 플레이스토어에서 '키네마스터'를 검색해 다운받아 무료로 사용할 수 있다. 이 경우 각 도구들을 사용할 때마다 비용을 지불해야 하므로 한 달이나 일 년 구독으로 편리하게 사용하는 것도 추천해본다(2022년 9월 기준 월 9,900원, 연 49,000원에 이용할 수 있다).

앱을 열었을 때 보이는 화면 순서대로 살펴보면, 첫 번째 화면에서는 하단 중앙의 '만들기' 버튼을 눌러 영상 편

공인중개사의 중개업 마케팅에 관한 모든 것

집을 시작해본다.

에셋스토어는 키네마스터 내 영상의 편집을 도와줄 수 있는 스티커, 음향, 오버레이, 글씨체, 전환효과 등을 구매하는 곳으로 무료판 이용자나 프리미엄 이용자 상관없이 모든 기능을 이용할 수 있다. 또한 에셋스토어에서 제공하는 음악은 대부분 무료 음악이고, 모두 키네마스터에 소유권이 있기 때문에 저작권 걱정이 없다. 홈 화면, 믹스, 만들기, 나의 정보가 있는 곳, 믹스 동영상은 별도로 다운받아 내 사진이나 동영상을 삽입 편집해 사용할 수 있다.

두 번째로 보이는 화면은 '새로 만들기' 버튼과 그 아래 만들어둔 영상들이다. 이곳에 만들어둔 영상을 재편집할 수도 있고, 삭제, 이름 바꾸기, 내보내기 등을 할 수 있다. '새로 만들기'를 실행하면 영상을 만들 때 비율을 선택할 수 있다. 16 : 9는 사람

키네마스터 영상 만들기

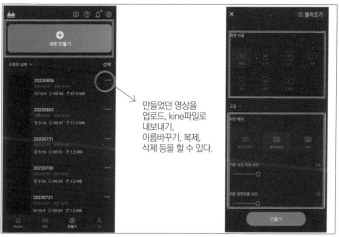

만들었던 영상을 업로드, kine파일로 내보내기, 이름바꾸기, 복제, 삭제 등을 할 수 있다.

출처 : 저자 제공

들이 가장 많이 사용하는 비율이고, 9 : 16은 쇼츠나 모먼트 등 우리가 보는 세로 영상이 이 비율에 속한다. 1 : 1 비율은 인스타그램에 적합한 비율로 영상을 만들 때는 잘 사용하지 않는다.

고급 기능에서는 사진 배치는 어떻게 할 것인지, 기본 사진 지속 시간과 기본 장면전환 시간을 정할 수 있다. 미디어 브라우저에는 전체 이미지 에셋, 동영상 에셋, 즐겨찾기, 클라우드 등 키네마스터에서 기본으로 주는 이미지 카테고리와 내 스마트폰에 저장된 파일들이 분류되어 있어 이곳에서 내 영상이나 이미지를 찾아서 불러올 수 있다.

키네마스터 미디어 브라우저

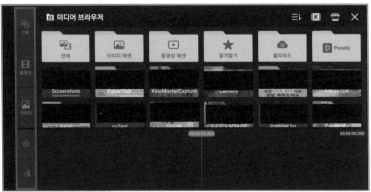

출처 : 키네마스터

동영상을 만들기 위해 이미지나 영상을 미디어 브라우저에서 선택했다면 다음 영상 편집을 할 수 있는 기본 키네마스터 영상 편집창이 열린다. 숫자별로 기능을 살펴보면 다음과 같다.

공인중개사의 중개업 마케팅에 관한 모든 것

키네마스터 영상 편집

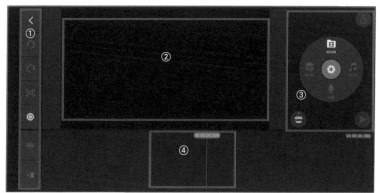

출처 : 키네마스터

① **액션바** : 되돌리기, 나가기, 설정, 확장(타임라인 수직으로 늘리기), 타임라인 전후 움직이기

② **프로젝트 미리보기** : 영상이 만들어지는 동안 나오는 미리보기 창

③ **미디어 패널** : 영상과 이미지를 담고 레이어 기능과 음성 녹화하기, 오디오 삽입하는 곳. 미디어는 영상에 사진이나 영상을 레이어로 넣을 수 있다. 사진은 마음대로 넣을 수 있지만 영상은 휴대폰의 기기에 따라 넣을 수 있는 수가 다르다. Gif는 적용되지 않았지만 최근 업데이트가 되면서 적용되게 되었다.

레이어 기능은 미디어는 영상이나 이미지 미디어 위에 영상이나 이미지를 겹칠 수 있는 기능, 효과에는 블러, 모자이크 등 영상에 특별한 효과를 씌우고 다만 블러·모자이크 등의 처리는 직사각형 같은 모양으로 설정할 수 없는 듯하다. 오버레이는 영상에 스티커를 넣을 수 있어 잘만 활용한다면 높은 퀄리티의 영상도 만들 수 있다.

텍스트는 영상에 자막을 넣을 수 있는 기능으로 원래 윤곽선 등등 텍스트 기능이 많이 약해서 파워디렉터가 텍스트만큼은 우세했지만, 이제는 업데이트가 되어 윤곽선, 글로우, 그림자 등 한층 더 세밀하게 편집할 수 있게 되었다.

손글씨(직접 손으로 그림이나 글, 기능)까지 레이어에서 활용할 수 있다.

녹음은 음성 녹음할 수 있고 키네마스터에 있는 오디오도 삽입할 수 있다. 이때 주의할 점은 오디오를 클릭하면 내 스마트폰에 저장되어 있는 오디오 등도 볼 수 있는데 자칫 잘못 사용하다가 저작권에 문제가 될 수 있으니 꼭 키네마스터에서 준 음원을 활용해야 한다.

④ **타임라인** : 이미지나 영상을 담고 편집하는 곳

키네마스터 프로젝트 기본 설정

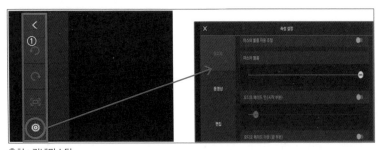

출처 : 키네마스터

키네마스터 기본 메뉴 설정에서 동영상과 오디오 그리고 편집

공인중개사의 중개업 마케팅에 관한 모든 것

에 대한 기초 설정을 할 수 있다. 마스터 볼륨 자동 조절은 꺼두고 프로젝트 마스터 볼륨은 확장시켜두고, 오디오 페이드 인은 오디오가 강하게 나타나는 현상을 말하는데, 이것을 비활성화시킨다. 비디오 동영상 페이드 인·아웃을 비활성화하고, 편집에서는 화면 맞추기 체크, 사진 클립 길이 초기 설정은 6초로 해두고 레이어 길이도 처음 설정보다 조금 길게 9초로 한다.

· 키네마스터 영상 편집
타임라인의 커서를 동영상에 두었을 때

키네마스터 영상 편집 도구

출처 : 키네마스터

① 복사와 레이어로 복사할 수 있는 기능이다.
② 실행 되돌리기 기능이다.
③ 휴지통으로 필요하지 않은 부분을 클릭해서 휴지통을 누르면 삭제된다.
④ 확장으로 타임라인을 수직으로 늘리는 기능이 있다. 참고

로 영상을 선택하지 않았을 때는 ③과 ④ 사이 동영상 화면
을 이미지로 캡처하는 부분이 나온다.
⑤ 동영상을 세부적으로 편집할 수 있는 기능들이 모인 곳으
로 오른쪽 상단 '슬립'은 좌우로 움직여서 동영상의 시작
점과 끝점을 변경한다.

그 외 속도 조절(영상을 빠르게 보거나 느리게 보려면 속도를 조
정해야 된다), 상세 볼륨 조절, 잔향 효과(소리는 공간에 따라 메아
리가 달라진다. 굳이 공간에 가지 않더라도 그 에코 효과를 낼 수 있
도록 만든 기능), 음성 변조(목소리 주파수를 바꾸어 전혀 다른 목소
리로 들리게 하는 기능으로 남자, 여자, 어린이, 로봇, 외계인, 다람쥐
처럼 다양하고 재미있는 효과가 많다), 오디오 추출(촬영한 영상에
들어 있는 소리만 따로 바꾸고 싶을 때 사용하고 추출된 오디오는 타
임라인 아래에 푸른 띠 모양으로 나타난다), 변환 등의 기능을 활
용할 수 있다.

키네마스터 영상 속도

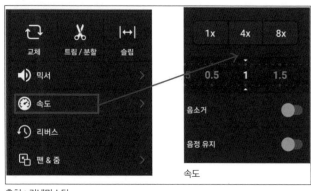

출처 : 키네마스터

타임라인 커서를 이미지에 두었을 때

키네마스터 이미지 편집

출처 : 키네마스터

① 복사와 레이어로 복사할 수 있는 기능이다.

② 실행 되돌리기 기능이다.

③ 휴지통으로 필요하지 않은 부분을 클릭해서 휴지통을 누르면 삭제된다.

④ 확장으로 타임라인 수직으로 늘리기 기능이다.

⑤ 사진을 세부적으로 편집할 수 있는 기능들이 모인 곳이다.

교체는 이미지를 교체해서 사용 가능(교체를 클릭하면 미디어 브라우저 창이 열리고, 선택할 사진을 누르면 교체된다)하고, 트림·분할을 통해 오른쪽 트림, 왼쪽 트림, 분할 및 정지화면 삽입이 가능하다. 펜&줌은 이미지나 영상의 시작 부분과 끝부분을 별도로 확대 또는 축소 시킬 수 있는 기능이다. 그 외에도 이미지에 회전, 미러링, 필터, 밝기 등 조정, 클립그래픽(영상 위에 어떤

모션 그래픽이나 배너를 올리고 싶을 때 사용한다), 화질 복원, 배경, 비네트(영상의 외곽 모서리를 어둡게 만드는 효과로 가장자리에 있는 필요 없는 배경을 가리거나 가운데로 시선을 모으고 싶을 때 사용) 등을 적용할 수 있다.

키네마스터 클립그래픽

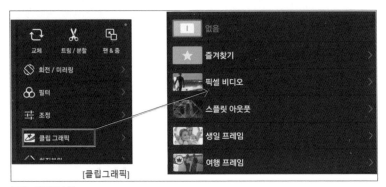

[클립그래픽]

출처 : 키네마스터

키네마스터 장면전환 효과

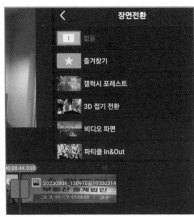

출처 : 키네마스터

장면전환 효과는 한 장면에서 다른 장면으로 넘어갈 때 주제가 달라지거나 느낌이 바뀌는 경우 그냥 넘어가면 어색한 경우가 있는데, 이때 두 영상을 자연스럽게 연결해주는 기능을 한다. 뉴스나 드라마에서 자주 볼 수 있으며, 일반적으로 두 화면을 겹쳐서 서서

공인중개사의 중개업 마케팅에 관한 모든 것

히 다음 장면으로 바뀌는 '디졸브'를 자주 사용하며, 시간이나 장소가 바뀔 때 쓰는 기법이다. 장면전환 효과는 타임라인에서 효과를 넣을 영상과 영상 사이, 이미지와 영상 사이, 이미지와 이미지 사이 '+' 버튼을 누른 뒤 오른쪽 상단에 나타나는 여러 가지 효과 가운데 적절한 것을 골라 삽입하면 된다.

레이어 음성 녹음 기능은 마이크를 설치하고 음성을 넣고자 하는 부분에 타임 선을 두고 음성 기능을 클릭해 시작 버튼을 누른 후 녹음을 시작한다. 완료되면 영상 아래쪽에 보라색 진한 선이 음성이 녹화된 모습이다. 저자의 경우 밖에서 작업한 영상을 오디오 음소거를 한 후 작업한 영상을 더빙하듯이 녹음한다.

키네마스터 레이어 음성 녹음

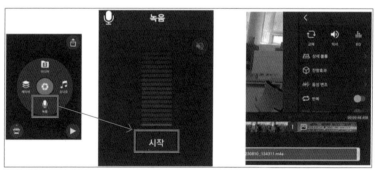

출처 : 키네마스터

레이어 오디오 삽입 기능은 키네마스터 자체에서 오디오 브라우저에 있는 음원과 내가 스마트폰에서 받은 음악을 삽입할 수 있게 해준다. 오디오 브라우저로 들어가 음악 에셋, 효과음 에셋에서 음악을 삽입하면 된다.

키네마스터 레이어 오디오 삽입

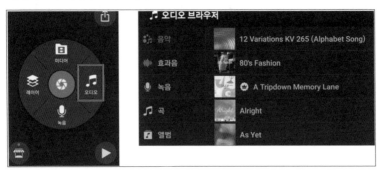

출처 : 키네마스터

키네마스터 카메라와 동영상 기능을 살펴보면, 미디어 패널 중앙에 빨간 동그라미를 누르면 카메라와 캠코더로 나누어지는데 임장하면서 찍을 사진이나 동영상을 이곳에서 찍으면 바로 타임라인으로 삽입되어 있으므로 즉시 편집해서 사용할 수 있는 편리한 기능이다.

미디어에 이미지나 영상 삽입하기

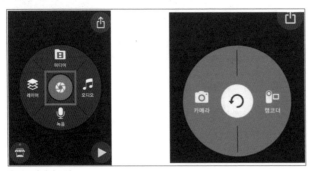

출처 : 키네마스터

공인중개사의 중개업 마케팅에 관한 모든 것

미디어패널의 상단 미디어를 누르면 미디어 브라우저에서 내 스마트폰 안에 있는 이미지나 영상이 나타나고, 여기에서 내가 편집하고자 하는 이미지나 영상을 타임라인으로 가져온다. 미디어 브라우저에 담기는 사진과 동영상은 해당 기기에 담긴 사진이나 동영상만 가능하며, 다른 스마트폰으로 찍은 이미지나 동영상은 네이버 마이박스를 통해 다운받아서 사용해야 한다. 이는 기기 내에 있는 사진만으로 키네마스터 영상을 만들 수 있기 때문이다. '미디어'를 클릭해 미디어 브라우저에서 동영상으로 만들 영상이나 이미지를 클릭해서 타임라인으로 가져온다.

키네마스터 미디어 영상 삽입하기

출처 : 키네마스터

레이어 텍스트 입력하기는 동영상이나 이미지에 텍스트를 삽입할 때 사용하는 기능으로 텍스트를 누르면 글자를 입력하는 창이 나온다.

키네마스터 레이어 텍스트 입력하기

랜드고부동산중개법인

출처 : 키네마스터

    글자에 글자체 바꾸기나 글자 색, 애니메이션 입히기 등 꾸미기를 숫자별로 살펴보면 다음과 같다.

키네마스터 글자체에 애니메이션 넣기

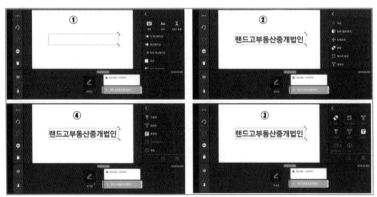

출처 : 키네마스터

① 문자를 입력하고 노란색 타임라인을 클릭하면 오른쪽 상
단에 꾸밀 수 있는 창이 나온다. 타자기 모양에서는 글자를
수정할 수 있고, '폰트'는 글자체 바꾸기, 트임&분할은 자
르기 기능으로 분할 후 오른쪽이나 왼쪽을 잘라내는 것이
가능하다. 인 애니메니션은 글자가 영상을 시작할 때 어떻
게 시작할 것인지, 인 애니메이션은 어떻게 있을 것인지?
아웃 애니메이션은 영상이 끝날 때 글자가 어떻게 끝날 것
인가를 설정해줄 수 있다(애니메이션에는 페이드, 팝, 밀기, 고
무스탬프, 나타나기, 닦아내기, 타이핑, 확대, 축소, 드롭, 시계 방
향 등 여러 종류가 있으며, 글자색을 여기에서 바꿀 수도 있다).
② 알파(불투명도 조절), 상세조정(위치, 각도, 크기, 마러링, 화면
맞추기 등 조절), 혼합(불투명도를 종류별로 조절), 텍스트 옵
션(자간, 행간, 위치 등 조절), 윤각선 등의 조절이 가능하다.
③ 세로로 나타나는 글자 수정 창을 가로 모듬으로도 볼 수 있다.
④ 글자에 그림자, 글로우 배경색 입히기 등을 할 수 있다.

· 동영상 내보내기

영상 편집이 끝났으면 자유롭게 다운받아 활용이 가능하므로
무료버전으로 사용할 때는 우측 상단에 키네마스터 워터마크가
나타난다. 개인적으로 사용할 때는 이 워터마크가 크게 문제되
지 않아 업로드 시 무시하고 영상을 업로드하면 되지만 상업적
으로 사용하는 경우에는 유료 버전을 사용하기를 권한다.

영상 편집을 마치고 나면 오른쪽 상단에 위로 뻗은 화살표

키네마스터 동영상 내보내기

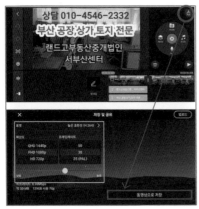

출처 : 키네마스터

를 클릭하고, 그러면 다음 창이 열리면서 동영상 저장하기가 나타난다. 해상도는 화질을 나타내며 720p, 1080p, 1440p는 가로 화면에 찍히는 픽셀의 수를 의미하기 때문에 숫자가 높으면 해상도가 높아지면서 더 선명한 화질을 즐길 수 있다. 하지만 픽셀이 늘어나면 자연히 용량이 커지므로 일반적으로 1,080p를 사용한다.

프레임 라이트는 1초에 몇 장의 사진을 보여주는가를 표현하는 것으로 동영상은 일반적으로 30fps를 사용한다. 값이 높을수록 많은 프레임이 포함되기 때문에 부드럽고 사실적인 움직임을 표현할 수 있어 움직임이 중요한 다큐나 스포츠 경기 등에는 60fps를 사용하기도 한다.

비트레이트는 저장하는 영상의 화질 및 데이터를 해당 파일에 얼마나 담아내는가를 설정하는 값으로 비트 전송률이라고도 하며, 비트레이트가 높으면 역시 용량이 커진다.

동영상이 저장되면 업로드는 키네마스터에 영상을 올리는 것이고, 아래쪽 공유하기 창을 클릭하면 카카오톡부터 유튜브, 블로그 등 여러 SNS로 공유할 수 있다. 키네마스터는 스마트폰 영상 편집 프로그램으로 퀄리티 높은 영상을 편집해서 유튜브로 바로

공인중개사의 중개업 마케팅에 관한 모든 것

키네마스터에서 유튜브로 공유하기

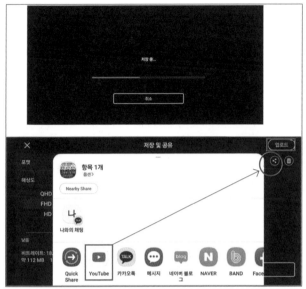

출처 : 키네마스터

올릴 수 있어 유튜브를 운영하기에는 매우 편리한 프로그램이다.

· 스마트폰에서 섬네일을 만들어 업로드하기

키네마스터 화면 캡처 기능을 사용해서 유튜브 섬네일을 만들어도 되고 PC 미리캔버스에서 만든 섬네일을 PC 카카오톡에서 나에게 이미지를 보내고 스마트폰에서 다운 저장해 사용해도 된다. 여기서는 키네마스터 화면 캡처를 사용해서 유튜브에 섬네일을 업로드하는 방법을 알아보기로 한다.

내가 만든 동영상 위에 섬네일에 들어갈 문구를 쓴 후 왼쪽 네모 화면 모양을 클릭하면, '캡처 후 저장', '캡처 후 클립으로 추

키네마스터에서 섬네일 만들기

출처 : 키네마스터

가', '캡처 후 레이어로 추가', '캡처 후 섬네일로 추가'가 보인
다. 이때 캡처 후 저장을 클릭하면 내 스마트폰에 저장되어 유
튜브 영상을 업로드할 때 섬네일을 찾아서 올릴 수 있다. '캡처
후 섬네일로 추가'는 영상 앞에 보이는 섬네일 부분에 캡처된
사진이 보인다.

키네마스터 섬네일

유튜브에 업로드하면 처음 보이는 화면으로 상단 사진을 클릭해서 키네마스터에서 캡처된 섬네일을 찾
아서 삽입한다.
출처 : 저자 제공

키네마스터 섬네일 선택

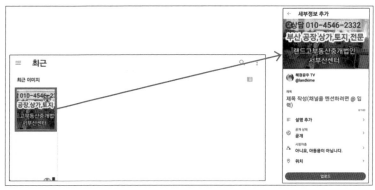

출처 : 저자 제공

　섬네일을 선택 교체했다면 제목을 쓰고 설명, 카테고리, 그리고 태그까지 입력해서 유튜브로 업로드하면 된다.

03 쇼츠 영상 만들기

　'쇼츠'는 10분을 넘기지 않는 숏폼 콘텐츠로 짧은 영상이 속도감 있게 재생되어 새로운 콘텐츠를 발견하기 쉽고 신규 팬을 획득하기도 쉬운 장점이 있다. 대표적인 숏폼으로 '틱톡'이 있고, 2022년 2월 인스타그램의 '릴스'가 이에 가세했다. '쇼츠'는

2022년 7월에 출시해 대세를 이루고 있고, 쇼츠는 15초, 60초 영상을 만들 수 있으며 유튜브에서 검색으로도 찾을 수 있다. 제작하는 구체적인 방법을 살펴보면, 먼저 스마트폰 유튜브 창을 열고 하단의 '+' 버튼을 누른다.

유튜브 쇼츠 영상만들기

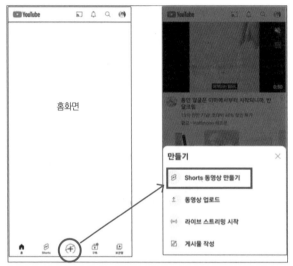

출처 : 저자 제공

그리고 '쇼츠 동영상 만들기'를 클릭한다.

쇼츠 홈 화면에서 동영상을 바로 찍어서 업로드해도 되고, 내가 찍은 영상이나 만들어둔 짧은 영상이 있으면 선택해서 올리면 된다. 오른쪽의 도구들을 활용해서 쇼츠를 만들면 더 퀄리티 있는 영상을 만들 수 있으니 효과나 보정 등을 통해 수정도 할 수 있다.

공인중개사의 중개업 마케팅에 관한 모든 것

유튜브 쇼츠 영상 만들기 도구

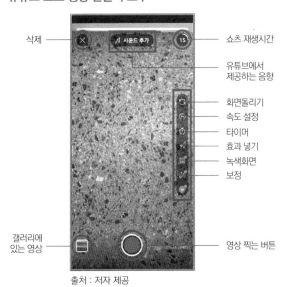

삭제

사운드 추가

15 — 쇼츠 재생시간

유튜브에서
제공하는 음향

화면돌리기
속도 설정
타이머
효과 넣기
녹색화면
보정

갤러리에
있는 영상

영상 찍는 버튼

출처 : 저자 제공

유튜브 쇼츠 영상 업로드

출처 : 저자 제공

갤러리에 있는 동영상이나 직접 찍은 영상을 올려 완료되면 음악 삽입, 텍스트 넣기, 음성 삽입하기, 타임라인 설정하기, 그리고 필터를 삽입 또는 수정할 수 있으며 수정 후 상단의 '다음'을 클릭한다.

유튜브 쇼츠 영상 수정 또는 업로드

출처 : 저자 제공

업로드된 영상이 보이지 않지만 아래쪽의 체크 모양을 클릭하면 업로드된 영상이 보이고, 상단의 '다음'을 클릭하면 쇼츠 영상 올리기가 완료된 것을 볼 수 있다. 이곳에서 제목과 설명 등 영상 업로드 기초 작업을 마무리할 수 있다.

쇼츠에서 섬네일은 갤러리에서 선택해서 삽입하는 것이 아니라 영상 중 하이라이트 부분이나 별도의 섬네일을 만들었으면 그 부분을 선택해서 사용할 수 있다.

공인중개사의 중개업 마케팅에 관한 모든 것

유튜브 쇼츠 영상 세부정보 추가

출처 : 저자 제공

　세부정보 추가에서 연필 모양을 클릭해서 자료 그림처럼 영상 중에서 섬네일로 할 만한 것을 선택해서 '확인'을 클릭하면 섬네일이 만들어지고, 섬네일까지 완료되면 '쇼츠 동영상 업로드'를 클릭해서 쇼츠를 완성시킨다.

(개정판)
공인중개사의 중개업 마케팅에 관한 모든 것

제1판 1쇄 2020년 3월 2일
제2판 1쇄 2023년 11월 30일

지은이 김혜경
펴낸이 최경선 **펴낸곳** 매경출판㈜
기획제작 ㈜두드림미디어
책임편집 우민정 **디자인** 디자인 뜰채 apexmino@hanmail.net
마케팅 김성현, 한동우, 구민지

매경출판㈜
등 록 2003년 4월 24일(No. 2-3759)
주 소 (04557) 서울시 중구 충무로 2(필동 1가) 매일경제 별관 2층 매경출판㈜
홈페이지 www.mkbook.co.kr
전 화 02)333-3577
이메일 dodreamedia@naver.com(원고 투고 및 출판 관련 문의)
인쇄·제본 ㈜M-print 031)8071-0961
ISBN 979-11-6484-639-9 (03320)